So genießt Südtirol

Heinrich Gasteiger
Gerhard Wieser
Helmut Bachmann

33x Eingemachtes

Verlagsanstalt Athesia | Bozen

LIEBE LESERIN, LIEBER LESER!

Wir freuen uns, dass Sie sich für ein Buch der »So genießt Südtirol«-Kochbuchreihe entschieden haben. Um in Zukunft noch besser auf Ihre Wünsche eingehen zu können, ist uns Ihre Meinung wichtig. Bitte senden Sie uns Ihre Anregungen, Ihre Kritik, Ihr Lob und auch Ihre Fragen zu unseren Büchern. Wir freuen uns auf Ihre Nachricht!

Fax +39 0471 081079 · info@so-kocht-suedtirol.it · www.so-kocht-suedtirol.it
www.facebook.com/sokochtsuedtirol

BIBLIOGRAFISCHE INFORMATION DER DEUTSCHEN NATIONALBIBLIOTHEK

Die Deutsche Nationalbibliothek verzeichnet diese Publikation in der Deutschen Nationalbibliografie; detaillierte bibliografische Daten sind im Internet abrufbar: http://dnb.d-nb.de

UMSCHLAGBILDER

Titelbild: Zwetschgen-Johannisbeer-Marmelade

Rückseite: Feigen-Tomaten-Chutney · Nusseler (Nussschnaps)

BILDNACHWEIS

Daniela Kofler: Seite 16 unten
Paul Michael: Titelbild
Josef Pernter: Seite 14 (2–3), 15
Alle übrigen Aufnahmen stammen von Günther Pichler, Eggen, www.gpichler.com

IMPRESSUM
2013 · Zweite Auflage

Lektorat: Nicoletta De Rossi
Korrektorat: Kathrin Kötz
Umschlaggestaltung: ganeshGraphics, Lana
Design & Layout: Athesia Verlag
Druck: Athesia Druck, Bozen

ISBN 978-88-8266-861-7

www.athesia.com
buchverlag@athesia.it

Ein Gruß aus der Genießerküche

Einmachen liegt derzeit voll im Trend und viele haben Freude daran, eigene Marmeladen, Liköre oder pikante Köstlichkeiten herzustellen. Hochaktuell sind zurzeit Zweifruchtkombinationen, die durch Kräuter, Gewürze, Alkohol oder Schokolade eine besondere Note bekommen.
Mit diesem Buch sind all jene angesprochen, die gerne einkochen, einmachen, Sirupe herstellen, Schnaps ansetzen oder es lernen möchten. Schauen Sie im ausführlichen Stichwortverzeichnis (Register von A bis Z) nach.
Das Buch sollte Ihnen nicht nur als kreativer Begleiter und hilfreicher Ratgeber zur Seite stehen, sondern möchte Sie auch mithilfe verlockender Farbbilder und Schritt-für-Schritt-Fotos zu Ausflügen in die Kunst des Einmachens anregen.
Alle Themen bieten auch Rezepte, die sich für Einsteiger eignen. Trotzdem ist eines immer notwendig – das Rezept vorher genau zu lesen.
Kochen macht Arbeit, kostet Zeit und verlangt Energie. Dafür aber erhält man für diese Arbeit mehr zurück, als man aufwendet. Man gewinnt zunächst mal ein Mehr an natürlichem Genuss. Frisch, selbst und kundig zubereitetes Essen schmeckt nun einmal besser. Aber Kochen gibt mehr zurück: Kochen schenkt Erholung durch eine sinnvolle, selbstbestimmte Tätigkeit. Küchenzeit ist zugleich Zeit für sich selbst. Kochen ist auch preiswert: Es bleiben kaum Zutaten übrig, denn wer kocht, tut das bald nicht nur ab und zu, er kocht öfters bzw. immer.
Also viel Spaß beim Auswählen und natürlich beim Genießen der Köstlichkeiten. Sie werden sehen: Bei der nächsten Einladung kommt ein Dankeschön in Form von Selbstgemachtem an Sie zurück.
Gutes Gelingen, viel Erfolg und reichlich Anerkennung wünschen wir Ihnen.
Viel Spaß beim Kochen und guten Appetit!

Helmut Bachmann — Heinrich Gasteiger — Gerhard Wieser

Inhalt

Süß, sauer und pikant Eingelegtes auf Vorrat

Der Sommer kommt und mit ihm viele süße Früchtchen, die zu Marmelade (Konfitüre) gemacht werden wollen. Man braucht nicht länger als eine halbe Stunde, um einige Gläser Marmelade zu kochen – und es ist kinderleicht!
Man nehme einen großen Kochtopf, einige Twist-off-Gläser (Schraubdeckel mit Innenbeschichtung), Früchte nach Belieben (wichtig: Sie müssen reif und unversehrt sein!), Zucker, Gelierzucker (Einmachzucker), braunen Zucker, einen Kochlöffel, einen weiten Trichter, ein Küchenmesser und eine Küchenwaage.
Gemeinsam mit Ihren Liebsten eine eigene Marmelade zu zaubern, um sich Tag für Tag des vollen Geschmacks sonnenverwöhnter Früchte zu erfreuen, das macht Selbstgemachtes zu einem besonderen Genusserlebnis.

Delikatessen aus Obst und Gemüse

Im Herbst und Winter verbreiten Äpfel, Quitten und Zitrusfrüchte zuhause wochenlang ihren wohligen Duft und werden zu süßen und herzhaften Süßspeisen oder eingelegten Chutneys verarbeitet.
Essiggemüse, Chutneys und Pasten sollten als Beilage den Geschmack einer Speise unterstreichen: würzige Pürees, Pasten und Cremen aus Gemüse, Oliven, Kräutern und Fisch sind aus der Vorspeisenvielfalt der mediterranen Küche sowieso nicht mehr wegzudenken. Sie sind einfach und

Hausgemachte Marmeladen, Konfitüren und Fruchtaufstriche sind attraktive Geschenke für Genießer.

schnell zuzubereiten und schmecken unwiderstehlich nach Sonne, Süden und Urlaub. Die meisten werden mit natürlichen Konservierungsmethoden hergestellt, bei denen nur Öl oder Essig, Zucker und Salz verwendet werden. Im Prinzip versteht man unter Essiggemüse und Eingelegtem ganzes oder zerkleinertes Obst oder Gemüse, konserviert in Essig. Gemüse, Pilze, Kapern, Früchte, Fleisch oder Fisch kann man in Essig konservieren. Walnüsse, Kapern, Zwiebeln oder Gewürzgurken dagegen werden in einer Essiglösung eingelegt.

Obst perfekt einmachen

Beim Obst unterscheidet man vier Kategorien: solches für Gelee, solches für Marmeladen und Säfte, Früchte, die in Zuckerlösung eingeweckt werden, und Früchte, die man gar nicht einmacht, sondern reif vom Baum bzw. aus dem Garten isst.

Die Königsdisziplin ist das Gelieren

Himbeeren, Johannisbeeren, Stachel- und Brombeeren sind der Rohstoff für diese köstliche Substanz, die sich einem bemerkenswerten chemo-physikalischen Prozess verdankt.

Marmelade einmachen

Eine alte Tradition ist wieder Trend

Marmelade kochen und Früchte einlegen. Im Sommer ist die richtige Zeit: Erdbeeren, Rhabarber und Johannisbeeren sind schon so weit, als Nächstes kommen Marillen, Himbeeren und Stachelbeeren.

MARMELADE & CO. PERFEKT EINKOCHEN

In vielen Haushalten hat das Zubereiten von Marmeladen, Konfitüren und Gelees bereits Familientradition, auch wenn gekaufte Produkte oftmals billiger sind. Der Spaß am Selbermachen und das Wissen darüber, welche Zutaten man verwendet hat, rechtfertigen den Aufwand allemal.

Was muss ich bei den Früchten beachten?

Nur frische, unbeschädigte Ware nehmen. Darauf achten, dass Mengenangaben (z. B. 1 kg) in Rezepten immer die reinen Früchte meinen, und zwar gewaschen, ohne Kerne, Stiele, Haut oder Schale.

Welchen Zucker soll ich benutzen?

Statt Haushaltszucker besser fertigen Gelierzucker (besteht aus Zucker, Zitronensäure und Pektin) verwenden. Das verkürzt die Kochzeit und reduziert die benötigte Zuckermenge.

Wie viele Gläser brauche ich?

1 kg Früchte mit 500 g Gelierzucker ergeben etwa 6 Gläser zu 200 ml. Füllen Sie die Gläser bis Fingerbreit unter den Rand. Fruchtstücke müssen von Flüssigkeit bedeckt sein.

Wie bereite ich die Gläser vor?

Viele kleine Gläser sind beim Einkochen zu bevorzugen, da ihr Inhalt schneller aufgebraucht ist. Zudem ist darin die Dauer des Gelierprozesses kürzer.

- Am besten sind neue Twist-off-Gläser. Verwendet man die Gläser mehrmals, muss man darauf achten, dass die Dichtung im Deckel unbeschädigt ist.
- Gut eignen sich auch Rex- und Bügelgläser. Darauf achten, dass die Gummiringe keinen Geruch angenommen haben und nicht brüchig sind.
- Die Gläser müssen unmittelbar vor dem Verwenden gründlich gereinigt und sterilisiert werden: Ein Durchgang im Geschirrspüler bei höchster Temperatur ist gut. Alternativ dazu die Gläser mit Spülmittel im heißen Wasser reinigen (auch die Deckel), gründlich ausspülen und abtropfen lassen.
Im Backofen bei 120 Grad trocknen.

Kann ich auch alte Marmeladengläser nehmen?

Ja, wenn sie und der Deckel unbeschädigt sind. Wie beschrieben reinigen, nach dem Füllen zuschrauben und etwa 10 Minuten auf den Kopf stellen – so entsteht ein Vakuum. Das Glas ist dicht, wenn sich der Deckel nach dem Auskühlen nach innen gewölbt hat.

Wie fülle ich die Früchte ein?

- Das Einkochgut nach Rezept zubereiten, kochend in das ebenfalls heiße Glas gießen. Es sollte auf einem feuchten Tuch stehen, damit es nicht platzt.
- Darauf achten, dass der Rand sauber bleibt. Sonst hält der Gummiring nicht. Zum Füllen gibt es Spezialtrichter mit großer Öffnung nach unten.
- Gummiring und Deckel ebenfalls noch heiß auflegen, mit Klammer oder Metallbügel befestigen.
- Nach dem Auskühlen die Klammer bzw. den Metallbügel entfernen. Bleibt der Deckel fest drauf, hält das eingekochte Gut etwa ein Jahr (kühl und dunkel lagern).

TIPPS

- **Sauberkeit** ist beim Konservieren das oberste Gebot. Man sollte dafür nur sterilisierte Gläser verwenden.
- Besonders unkompliziert geht das Sterilisieren in der **Mikrowelle:** Gläser mit Wasser füllen und in der Mikrowelle einmal aufkochen lassen.

Gelierprobe

Nach dem sprudelnden Kochen, den Topf vom Herd nehmen, etwas Masse auf einen kalten Teller tropfen lassen.
Wenn die Marmelade geliert und sich kein Wasserrand bildet, ist sie ausreichend eingekocht.

GELIERPROBE

Sollte die **Gelierprobe** nicht gelingen, muss man die Marmelade nochmals aufkochen bzw. die Gelierfähigkeit der Masse durch ein Geliermittel erhöhen und erneut eine Gelierprobe machen.

Abflämmen

Das Beträufeln der Marmeladenoberfläche mit Alkohol, der dann angezündet wird, sollte einen keimfreien Abschluss gewährleisten.

Pasteurisieren

Wasser auf etwa 90 Grad erhitzen, Gläser darin etwa 20 Minuten zugedeckt unter dem Siedepunkt pasteurisieren. Im Glas entsteht Unterdruck. Hitze und Sauerstoffmangel lassen den Keimen keine Chance.

Kühl und dunkel kann man Marmeladen & Co. in der Vorratskammer lange aufbewahren. Licht verändert die Farbe; bei zu viel Wärme verderben sie schneller.

Aufbewahren

- Marmeladen mit Etiketten versehen, auf denen Frucht und Abfülldatum vermerkt sind.
- Geöffnete Gläser in den Kühlschrank stellen. Inhalt bald verwenden.
- Schimmlige Marmeladen entsorgen.

Die Marmelade schäumt beim Kochen

Einige Früchte neigen beim Einkochen zum Schäumen – das variiert von **Frucht zu Frucht** und von **Jahr zu Jahr.** Meist fällt anfangs beim Kochen gebildeter Schaum mit zunehmender Kochzeit wieder zusammen.

SCHAUM ABSCHÖPFEN

Beim Kochen von Marmeladen bilden sich an der Oberfläche **Schaumbläschen.** Diese enthalten Sauerstoff, der nicht ins Glas darf, also den Schaum unbedingt zwischenzeitlich abschöpfen.

Marmelade ist zu dünn

Wenn die Marmelade zu dünn ist, haben die Früchte wahrscheinlich zu viel Wasser enthalten. Jeweils 1 kg dünne Marmelade unter intensivem Rühren nochmals aufkochen und 2–3 Minuten sprudelnd kochen lassen. Gelierprobe machen!
Dunkle, flüssige Marmelade wurde über den Gelierpunkt hinaus gekocht.

Was ist bei einer Marmelade mit Stückchen zu beachten?

Für eine Zubereitung mit Stückchen eine Hälfte der Früchte sehr klein schneiden, die andere Hälfte pürieren. Zusammen mit dem Gelierzucker vermischt, mindestens 3 Stunden bzw. über Nacht, ziehen lassen. Das hat seinen Grund: Obst enthält Wasser (in Form von Fruchtsaft) und Pektine. Durch das Ziehenlassen der zerkleinerten Früchte mit dem Zucker wird das fruchteigene Pektin für die Gelierung freigesetzt und der Fruchtsaft tritt aus. Zu grobe (harte) Fruchtstücke würden im Laufe der Zeit Fruchtsaft in den Brotaufstrich abgeben und diesen wieder verflüssigen.

Marillenmarmelade gehört auf jeden Frühstückstisch: Aufs Butterbrot oder mit einem Becher Naturjoghurt schmeckt sie lecker.

Feine Marmelade

Wer keine Stückchen in der Marmelade mag, aber dennoch einen sämigen Brotaufstrich möchte (und kein Gelee), greift zu folgendem einfachen Trick:
Die Früchte vor dem Einkochen durch ein Sieb passieren oder im Mixer zerkleinern. Früchte mit fester Schale erst nach dem Aufkochen pürieren. Dann den Gelierzucker unterrühren und in der angegebenen Zeit zu feiner Marmelade kochen.

Wie habe ich Freude an meinem Selbstgemachtem?

Wichtig für die Haltbarkeit des Eingemachten ist es, dass Sie die Marmeladengläser bis zu einem Fingerbreit unter den Rand füllen. Fruchtstücke müssen von Flüssigkeit bedeckt sein und jedes Glas nach dem Befüllen sofort verschließen.
Nach dem Befüllen die Gläser möglichst einige Stunden nicht bewegen/nicht schütteln, da dies die Gelierung beeinträchtigen kann. Bei einigen Früchten, insbesondere bei der Geleebereitung, kann es einige Tage dauern, bis das gesamte Kochgut durchgeliert ist. Zumeist ist der Geliervorgang nach 24 Stunden abgeschlossen.

Kalt gerührte Marmeladen

Weil sie nicht gekocht werden, sind kalt gerührte Marmeladen etwas flüssiger. Falls die Marmelade nach dem Rühren noch zu flüssig ist, rührt man einen schwach ge-

häuften Teelöffel Apfelpektin (erhält man im Reformhaus) unter.
Lagerung: Diese Art von Marmeladen (meist **Preiselbeermarmelade)** bereitet man hauptsächlich aus frischem, pektinhältigem Beerenobst zu. Sie ist nur kurze Zeit haltbar, deshalb immer im Kühlschrank aufbewahren.

TIPP

Längst beschränkt sich das Marmeladenspektrum nicht mehr nur auf den beliebten Brotaufstrich oder die saftige Füllung für Omeletten, denn die neuen Marmeladenkreationen harmonieren auch mit **Käse, kaltem Braten** oder **Gegrilltem.**

Nicht jeder besitzt heutzutage einen Einkochtopf. Am besten stellt man die gefüllten Gläser dicht nebeneinander in einen mit einem Küchentuch ausgelegten Topf, füllt diesen mit kochend heißem Wasser und lässt das Obst garen.

Hübsch verpackt zum Verschenken

Wenn eingekocht wird, soll das nicht nur gut schmecken, sondern auch hübsch aussehen: Verzieren Sie die Gläser ganz persönlich, z. B. mit Etiketten aus Stoffresten.

Geräte und mehr

Man braucht einen großen Kochtopf, vorzugsweise aus **Edelstahl:** am besten mit **6–9 Litern Fassungsvermögen** und einem möglichst großen Durchmesser (etwa 24 cm). Dies verhindert zum einen ein Überkochen des Kochguts und ermöglicht des Weiteren, dass während des Kochvorgangs die für die Gelierung erforderliche Flüssigkeitsmenge verdampfen kann.
Eine Reduzierung der Temperatur bzw. das Herunternehmen des Kochtopfs von der Herdplatte beeinträchtigt die Gelierung.

Passier-, Mull- oder Geschirrtücher (nicht zu dicht gewebt) sind nützliche Helfer. Außerdem braucht man noch eine **Waage,** eventuell einen **Messbecher,** eine **Küchenreibe** zum Abreiben von Zitrusschalen und Gewürzen, ein Haar- bzw. Passiersieb, einen Schaumlöffel, einen Kochlöffel und einen Einkoch-Trichter mit einer nach unten weiten Öffnung.

Geliermittel und Einkochhilfen

Gelierhilfe enthält meist Pektin mit Trauben-, Frucht- oder Milchzucker.

- Gelierzucker ist eine Mischung aus Zucker und Geliermittel.

- Für Diabetiker ist ein spezieller Gelierzucker erhältlich.
- Pektin gibt es flüssig und als Pulver.
- Agar-Agar ist ein pflanzliches Geliermittel und wird aus Algen gewonnen. Es löst sich nur in heißer Flüssigkeit auf. Das Gelieren kann bis zu einer Woche dauern.

GELIERMITTEL

Wichtig: Immer die Packungsangaben beachten!

Gelierzucker 1:1
1 kg süßt und geliert 1 kg Früchte oder 750 ml Saft. Das Ergebnis ist zwar recht süß, aber auch sehr gut haltbar.

Gelierzucker 2:1 bzw. 3:1
Je 500 g süßen und gelieren 1–1,5 kg Früchte oder je nach Sorte 750–900 ml Fruchtsaft. Das Ergebnis sind sirupartige, fruchtige Marmeladen und Gelees.

Zucker

Zucker, auch brauner Zucker, wird zur Konservierung des Einkochgutes benötigt. Früher kochte man Marmeladen im Verhältnis 1:1 ein, das heißt Früchte und Zucker zu gleichen Teilen. Marmeladen und Kompotte mussten über einen langen Zeitraum (oftmals über ein Jahr) konserviert werden. Je weniger Zucker enthalten ist, umso kürzer ist die Haltbarkeit.

Pektin

Zum Gelieren und Andicken von Marmeladen, Konfitüren und Gelees eignet sich am besten Pektin. Das ist ein natürlicher Ballaststoff, der im Obst vorkommt.

PEKTINGEHALT IM OBST

Bedenken Sie den unterschiedlichen Pektingehalt der Obstsorten. Ein wenig Zitronensäure kann hier nachhelfen und die Gelierfähigkeit verbessern.

- **Geringer Pektingehalt:** Erdbeere, Himbeere, Holunderbeere, Kirsche, Kiwi, Rhabarber, Zwetschge.
- **Mittlerer Pektingehalt:** Marille (Aprikose), Pfirsich, Birne, Brombeere, Mirabelle, Weintraube.
- **Hoher Pektingehalt:** Zitrusfrüchte, Apfel, Quitte, Schwarzbeere, Johannisbeere, Preiselbeere.

Definition von Marmelade, Konfitüre, Fruchtaufstrich und Gelee

Gemeinhin sagen wir zu einem süßen Fruchtaufstrich Marmelade.

Marmelade

Laut der Konfitürenverordnung von 2004 darf sich nur ein Aufstrich aus Zitrusfrüchten Marmelade nennen. Also eine streichfähige Zubereitung aus Zitrusfrüchten mit oder ohne Schalenanteile.

Konfitüre

Aus allen anderen Obstsorten werden hingegen Konfitüren hergestellt.

Fruchtaufstriche

Die Fruchtaufstriche sind nicht gesetzlich geregelt, sie enthalten meist weniger Zucker und mehr Frucht. Mindestwerte von Frucht und Zucker sind nicht festgelegt.

Gelee

Fruchtsaft, Säure und Zucker werden für Gelees miteinander aufgekocht. Der Saft pektinarmer Früchte, wie Kirschen, Erdbeeren und Pfirsiche, kann zusätzlich mit dem Saft pektinreicher Früchte, wie beispielsweise Äpfel, gemischt werden.

Chutneys und Mostarde

Chutney

Es handelt sich hier um eine würzige, scharfe Sauce aus **Früchten** und/oder **Gemüse** in leichtem Sirup oder leicht verdickt.

Typisch für Chutney sind die Verwendung von Zwiebeln, Chili und Früchten (Marille, Mango, Äpfel, Trauben).

Sie passen sehr gut zu gegrilltem und gebratenem Fleisch (Steaks oder Entrecôte), Geflügel, Fondue, Reis, Fisch, Käse, Picknicksalaten oder Snacks und zur Jause.

Mostarda

Dies sind leicht verdickte, meist scharfe und oft auch saure Zubereitungen aus Früchten, meist Quitten und Senf. Der Zuckergehalt ist oft relativ niedrig. Häufig werden der Mostarda auch kandierte Früchte zugesetzt. Die Mostarda wird als Beilage z. B. zu gekochtem Fleisch gereicht.

Diese Chutneys sind delikate Begleiter zu Fleisch und Käse: [1] Feigensenf [2] Peperonichutney [3] Birnensenf [4] Apfel-Tomaten-Chutney [5] Melonen-Zwiebel-Chutney

TIPPS

- Chutneys gibt es von würzig bis pikant, scharf bis mild, süßlich bis sauer.
- Sie sollten 1–2 Wochen ziehen, bevor sie verzehrt werden, da sich die Gewürze erst dann so richtig entfaltet haben.
- Chutneys sind so lange haltbar wie Marmeladen; der Zuckeranteil ist allerdings deutlich niedriger.
- Bei der Zubereitung von Chutneys können Sie auf unterschiedliche Zuckersorten wie Gelierzucker, Kandiszucker oder braunen Zucker zurückgreifen. Damit erhalten sie auch eine andere Note. Honig eignet sich ebenfalls.
- Sie sind auch ausgefallene und sehr persönliche Geschenke oder Mitbringsel.

Die Quitte ist roh kaum genießbar. Die Frucht geliert sehr leicht durch ihren hohen Pektingehalt: Erst im gekochten Zustand (z. B. als Kompott) zeigt diese Frucht ihre schmackhafte Seite.

Kompottfrüchte einwecken

Durch die Hitze werden die Früchte keimfrei gemacht. Beim Auskühlen entsteht im Innenraum des Glases ein Vakuum, das den Deckel fest verschließt und das Eindringen neuer Bakterien verhindert. Das Obst wird auf diese Weise lange haltbar gemacht.

- Kompotte aus Steinfrüchten, wie etwa Marillen oder Pfirsiche, werden besonders fein, wenn man die Früchte häutet.
- Früchte waschen, abtropfen lassen, eventuell kreuzweise einritzen, kurz in kochend heißem Wasser blanchieren, kalt abschrecken und erneut gut abtropfen lassen. Dann die Haut abziehen und in Gläser füllen.
- Werden Kompotte oder Marmeladen mit Würzmitteln verfeinert, dann wird deren Geschmack mit der Zeit immer intensiver.
- Vor allem Ingwer, Vanille, Chili, Lavendel, Rosmarin oder andere aromatische Kräuter treten geschmacklich immer mehr in den Vordergrund.

Köstliche Fruchtsäfte

Der gute alte Dampfentsafter feiert seine Wiederentdeckung. War ja doch keine schlechte Idee von Oma, die Unmengen

EINWECKEN – SO WIRD'S GEMACHT

- Nur ganz frisches Obst verwenden: Geeignet sind **Äpfel, Birnen, Kirschen, Marillen, Zwetschgen.**
- Obst waschen und schälen. Äpfel und Birnen entkernen, in Stücke schneiden.
- Glas bis 2 cm unter den Rand mit Früchten füllen.
- Früchte mit Wasser bedecken, in welchem zuvor etwa 400 g Zucker pro Liter gelöst wurden.
- Beim Füllen Trichter verwenden. Es darf nichts auf den Glasrand tropfen (Schimmelgefahr).
- Gummi glatt auflegen und Deckel mit Klammern fixieren.
- Nur gleichgroße Gläser zusammen in das Wasser des Topfes stellen. Es soll sie zu drei Vierteln bedecken. Die Gläser dürfen sich nicht berühren.
- Wasser langsam erhitzen, bis es eine Temperatur um 90 Grad erreicht (darf nicht sprudeln).
- Die Gläser bleiben 20–30 Minuten bei gleich bleibender Temperatur im Wasser, dann Gläser herausnehmen.
- Handtuch über die Gläser legen, langsam auskühlen lassen.
- Dunkel und kühl lagern.

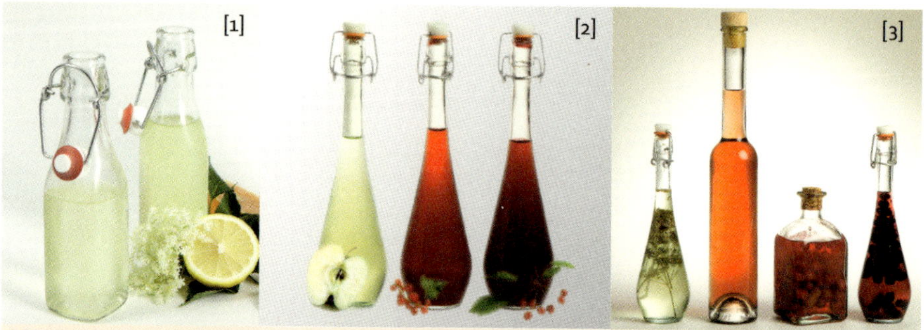

[1] Holunderwein und -sirup: Die Blüten des stark duftenden Holunders wachsen in dicken Dolden; sie schmecken leicht süßlich und vertragen darum stets ein wenig Zitrone [2] Apfel-, Johannisbeer- und Kirschsirup [3] Fenchel-, Himbeer-, Roter- und Schwarzer Johannisbeerlikör

Johannisbeeren und Himbeeren zu köstlichem Fruchtsaft zu verarbeiten.

VORTEILE DES DAMPFENTSAFTENS

Die Zubereitung ist schnell und unkompliziert. Durch die schonende Verarbeitung bleibt ein Gutteil der Vitamine erhalten und man kommt mit wenig Zucker aus. Sehr süße Früchte, wie Trauben, können sogar fast ohne Zucker entsaftet werden.

Was kann entsaftet werden?

Geeignet sind alle saftreichen Obst- und Gemüsesorten, besonders Beerenfrüchte wie Himbeeren, Trauben, Erdbeeren, Johannisbeeren, Schwarzbeeren (Heidelbeeren). Obstsorten wie Äpfel, Birnen, Marillen, Zwetschgen, Sauerkirschen usw. Als Gemüse eignen sich Tomaten.
Der Dampfentsafter fasst etwa 5 kg Früchte, auf diese Menge gibt man je nach Sorte und gewünschte Süße maximal 500 g Zucker dazu.

Holunderblüten

Von Mitte Mai bis Mitte Juni blüht in ganz Europa der Holunder. Die Dolden dieses verbreiteten Strauches leuchten in diesen Wochen weiß aus Wildhecken, Gartenbüschen und Stadtparks, sind hübsch anzusehen und duften betörend.
Holunderblüten wachsen üppig und ungespritzt, sind aromatisch und kinderleicht zu verarbeiten. Wer im Frühsommer den Luxus von ein wenig Zeit hat, sollte einen der wenigen Genüsse nicht versäumen, die heute noch umsonst zu haben sind. Dieser Genuss ist ein Geschenk pflanzlicher Natur. Wir müssen ihn nur ganz einfach pflücken.

- Aus diesen Blüten lassen sich aromatische Getränke (Holunderblütensirup, Holundersekt) zubereiten, aber auch Tees und Brotaufstriche.
- Im Spätsommer entwickeln sich die Holunderblüten zu violett-schwarzen Beeren, die ebenfalls gut und vielseitig einsetzbar sind.

- Vor der Verarbeitung zu Hause Dolden leicht ausschütteln, damit Insekten, die in den Blüten ihren natürlichen Lebensraum haben, herausfallen – das erledigt man am besten im Garten oder auf dem Balkon.

Einlegen in Alkohol

Das Einlegen in Alkohol ist eine ideale Methode, um Obst haltbar zu machen. Wichtig ist, dass der Alkoholgehalt bei mindestens 54 Prozent liegt (z. B. Rumtopf).
Es ist ganz wichtig, dass hochwertige Alkoholika verwendet werden. Aromen können durch die »passenden« Spirituosen noch positiv unterstützt werden: z. B. Birnenschnaps (Williams) zu Birnen.
Um ein optimales Geschmackserlebnis zu bekommen, lassen Sie die Früchte einige Zeit ziehen (2–3 Wochen), so können sie ihr volles Aroma entfalten.

Likör / Schnaps

Zum Süßen verwendet man Honig, Magenzucker oder braunen Zucker. Zum Verlängern am besten destilliertes Wasser verwenden, denn Leitungswasser könnte den Likör trüben.

Orangen-Mocca-Likör, Rosensirup und Feigenlikör verfeinern Süßspeisen oder können mit Sekt als Aperitif getrunken werden.

LAGERUNG

- Bei Beeren, Früchten und Wurzeln (Enzianwurz) dauert es von einer Woche bis zu **einigen Monaten,** bis das Aroma in den Alkohol übergegangen ist.
- Bei frischen oder getrockneten Kräutern, Blüten oder Blättern hingegen nur **wenige Tage.**
- **Kühlen** sollte man nur klare Schnäpse aus Äpfeln, Birnen, Pflaumen und Marillen.
- Kräuterschnäpse werden von Kennern nur **leicht gekühlt bis handwarm** getrunken, da sich das Aroma dann besser entfalten kann.
- Selbst gemachte Schnäpse, Liköre usw. in der Regel möglichst **lange lagern,** damit sich Alkohol und Aromen harmonisch verbinden. Am besten an einem nicht zu hellen Ort lagern, da Sonnenlicht den Zutaten schadet und sie verfärbt. **Ruhe** und **lange Lagerung** bis zu mehreren Monaten oder Jahren sind bei manchen Schnäpsen das eigentliche Geheimnis.

Obst dörren

So machen Sie Früchte länger haltbar

Sommerzeit ist Obstzeit. Kochen Sie das Obst ein oder dörren Sie es: Durch **Wasserentzug** werden die Früchte haltbar gemacht. Bakterien und Schimmelpilzen wird die Feuchtigkeit entzogen. Der Vorteil dabei: Das Obst behält die meisten seiner Inhaltstoffe.

Zubereitung im Backofen. So geht's!

Reifes und unbeschädigtes Obst **(Äpfel, Birnen, Marillen, Kirschen, Erdbeeren**

Um selbst getrocknetes Obst herzustellen, kann man einen elektrischen Obsttrockner verwenden – auch zum Trocknen von Gemüse geeignet.

oder **Pflaumen)** auswählen. Kein überreifes Obst verwenden.

- Früchte trocken säubern (abreiben), notfalls kurz abspülen. Danach abtrocknen.
- Obst in gleich große Stücke schneiden, Gehäuse, Kerne, Steine und Stiele werden meist entfernt.
- Obst wird meist geschält, anschließend in gleich dicke Scheiben (etwa 5 mm dick) geschnitten. Das kann auch mit der Aufschnittmaschine gemacht werden.
- Mit der **Schnittfläche nach oben** auf einem mit Backpapier belegten Rost ausbreiten und in den Backofen schieben.
- Ofentür während der Trocknung mit einem Handtuch einen Spaltbreit offen halten. **Früchte gelegentlich umdrehen.**
- Die idealen Temperaturen liegen zwischen 30 und 65 Grad.
- Die Früchte sind fertig, wenn beim **Biegen/Drücken keine Flüssigkeit** mehr austritt.
- Obst anschließend auf Backpapier legen, 24 Stunden austrocknen lassen.
- In Gläser füllen, **dunkel** und **verschlossen lagern.**

Süß, sauer, pikant einmachen

Saisongemüse einkochen: feinsauer und würzig

Selbst Eingemachtes schmeckt einfach besser: Man weiß, was drin steckt und kann etwas ausprobieren, das es nicht zu kaufen gibt. Gerade saure Köstlichkeiten stehen hoch im Kurs, da sie als Gute-Laune-Macher gelten.

Gemüse einlegen

Sonnengereiftes, aromatisches Gemüse mit kräuterwürzigen Marinaden oder feinem Olivenöl verwenden und später dann, zum Beispiel als **Antipasti,** servieren. Zum Einlegen eignet sich jedes Gemüse, nicht jedes scheint allerdings sinnvoll. War es früher so, dass die selbst gemachten Konserven als Vorrat für den gemüsearmen

Eingelegte Tomaten und Melanzane gehören zu den klassischen Antipasti der Mittelmeerküche.

[1]

[2]

[3]

[1] Für die schnelle Fleisch- und Nudelküche: Kalbs- und Tomatensugo auf Vorrat. [2] Die grüne Soße (Basilikumpesto) passt zu Pasta, Fisch und Fleisch. [3] Direkt aus dem Garten: Süßsauer eingelegtes Gemüse schmeckt zu jeder Gelegenheit.

Winter gedient haben, so sind sie heute eher als Antipasti oder Beilagen gedacht. Gemüse und Pilze werden entweder mit Gewürzen verkocht oder in einen süßsauren Sud eingelegt. Essig, Zucker und auch Öl sorgen für Haltbarkeit, dabei muss aber die Flüssigkeit das Einmachgut völlig bedecken.

EINMACHGLÄSER STERILISIEREN

Die Gläser kann man in Wasser auskochen und, Öffnung nach unten, auf einem sauberen Küchentuch abtropfen lassen. Man kann auch die feuchten Gläser im **Dampfgarer**, im **Druckkochtopf** oder im **Backofen** trocknen. Diese Maßnahmen sollen Keime (Bakterien, Pilze, Pilzsporen) unschädlich machen, die sonst das eingelegte Gut verderben können.

In Öl eingelegtes Gemüse

Gemüse wird unter Luftabschluss in Öl eingelegt und haltbar gemacht. Die ätherischen Öle aus Kräutern und Gewürzen lösen sich in Öl. Aromatisiertes Gemüse und das Öl, mit Weißbrot aufgetunkt, sind eine echte Delikatesse!

Zusätzlich kann man frische Kräuter ins Glas geben, bevor man die heiße Marinade bzw. das Öl einfüllt. Das gibt noch mehr Aroma.

Lagern

Dunkel und kühl ist das eingelegte Gemüse am besten aufgehoben. Wobei es erst nach dem Öffnen in den Kühlschrank gestellt werden muss.

Eiserne Regel: Gemüse nur mit einem sauberen Löffel entnehmen, sonst droht der rasche Verderb!

Gemüse, das in Öl liegt, kommt weder mit Wasser noch mit Sauerstoff in Kontakt: Damit ist es haltbar, allerdings verlangsamt Einlegen in Öl den Verderbungsvorgang nur, verhindern lässt er sich nicht.

Praxis – so geht es: Die Zutaten müssen verzehrfertig vorbereitet werden, da sie aus dem Glas direkt verspeist werden sollen. Entweder sie werden kurz vorgegart und dann mit Öl übergossen oder das Gemüse wird im Öl erhitzt, in welchem es abgefüllt wird – gut für Peperoni oder Pilze.

Geeignet für: Alles Würzige, dessen Aroma konserviert werden soll, also Gemüse wie Karotten, Blumenkohl, Pilze (Steinpilze, Pfifferlinge, Champignons) oder Schafskäse.
Haltbarkeit: 3–4 Monate oder auch länger. Solange das Öl nicht ranzig oder tranig riecht, ist das Eingelegte essbar. Wird das Gemüse vorher noch getrocknet (z. B. eingelegte Tomaten), ist es länger haltbar.

TIPPS

Antipasti wie getrocknete Tomaten in Olivenöl oder Kräuter wie Rosmarin geben ihre Aromen an Öle ab. Es entstehen Würzöle, die Salate und Gemüse verfeinern.
Das **Öl** bestimmt den **Geschmack** stark. Sonnenblumenöl ist neutral, Olivenöl bringt die mediterrane Note, Nussöl eine feine nussige Note.

Konservieren in Essig

Das meiste Gemüse eignet sich zum sauer Einmachen. Heute reicht das Angebot auf den Märkten von Melanzane, Zucchini, Fenchel über Maiskolben bis zu Pilzen und Zwiebeln.
Das A und O jedes Rezeptes ist der Säuregrad, der entweder durch Einmachessige oder Essigessenz und Wasser erzielt wird. Die Säure macht Gemüse haltbar und bewahrt die natürliche Farbe.
Sterilisiert wird in luftdichten Einmachgläsern.
Sterilisieren kann man Gemüse und Obst z. B. im Wasserbad, im Dampfgarer oder im Backofen.

TIPPS UND TRICKS

- Oberstes Gebot beim Einmachen: Frische und Sauberkeit. Gemüse rasch nach der Ernte verarbeiten.
- Gemüse vor dem Einmachen in kochendem Salzwasser blanchieren (aufkochen), um Enzyme unschädlich zu machen. Einmachgut herausnehmen, abschrecken.
- Gewürze, wie Lorbeer, Dill, Senfkörner, Estragon, Wacholderbeeren, Kren und Ingwer, verleihen dem Einmachgut die besondere Note.

Essig-Marinaden

Essig und Salz verlangsamen durch einen niedrigen pH-Wert das Wachstum von Keimen, darin eingelegtes Gemüse verdirbt nicht so rasch. Vorausgesetzt, man hat sauber gearbeitet und reifes, aber nicht überreifes oder angeschlagenes Gemüse verwendet.

Zum Einkochen kann man auch einen Spezialtopf mit Einlegerost und integriertem Thermostat benutzen. Die Einkochzeit fängt an, wenn der Thermostat die gewünschte Temperatur anzeigt.

TIPP

Marinade kochend heiß über das Gemüse gießen, die verschlossenen Gläser wegen der längeren Haltbarkeit sterilisieren.

Pikanterie

Gurken im Glas

Selber eingelegte Gurken schmecken herrlich frisch. Bei in Essig konservierten Gurken werden Keime abgetötet und die Gurken dadurch für gut ein Jahr haltbar gemacht.
Nach dem Öffnen sollte man die pikanten Delikatessen im Kühlschrank aufbewahren und zügig aufbrauchen.

Agrodolci

Als Antipasti werden auch die »cipolle in agrodolce« (süßsaure Zwiebeln) gerühmt. Die Zwiebeln werden zunächst in kochendem Wasser blanchiert und geschält, bevor man sie einlegt.

Sott'oli und sott'aceti

Ob eingelegte Peperoni oder Pilze, marinierte Muscheln oder Tintenfische: Die kleinen Leckerbissen kommen in Italien zu verschiedenen Gelegenheiten auf den Tisch. Sind sie in Öl eingelegt, dann werden sie *sott'oli* – wörtlich »unter Öl« – genannt. Manchmal dominiert aber der Essig, in diesem Fall spricht man von *sott'aceti* – in Essig Eingelegtem. Hinzu kommen vielfach Kräuter wie Rosmarin, Salbei, Thymian und Knoblauch, vielleicht auch Kapern und Sardellen.

Eingelegter Kren wird als pikante Beilage zu gebratenem oder gekochtem Fleisch serviert, auch zu Speck.

Hauskren

Kren enthält Senföle, die ihm eine oft beißende Schärfe verleihen. Am intensivsten schmeckt er roh gerieben, man kann ihn aber auch einlegen.

- Den geraspelten Kren in einer großen Schüssel mit Zucker, Brotbröseln und Weißwein vermischen.
- In saubere Gläser abfüllen, Deckel drauf und kühl lagern.
- Dieser hausgemachte Kren passt hervorragend zu Speck, Beinschinken, gekochtem Rindfleisch, kaltem Braten, Zunge …
- Der Kren hält (verschlossen) im Keller bis zu 6 Monate.
- Den Kren kann man sofort verwenden, dann ist er jedoch etwas scharf.
- Wenn Sie den Kren nach dem Raspeln für einige Stunden »ausdünsten« lassen, wird er etwas milder.
- Zum Verfeinern kann man vor Gebrauch auch etwas geschlagene Sahne oder geraspelte Äpfel unterheben.

Erdbeermarmelade

FÜR ETWA 4 GLÄSER ZU JE 250 G

Zutaten

1 kg	vollreife Erdbeeren
600 g	Gelierzucker
50 ml	Zitronensaft

etwa 8 Minuten

Zubereitung

- Erdbeeren kurz waschen, putzen und in große Würfel schneiden.
- In einem Kochtopf Erdbeeren mit Gelierzucker und Zitronensaft zum Kochen bringen, dann 6–8 Minuten kochen lassen (je nach Wassergehalt der Erdbeeren).
- Nun die Marmelade in sterile Weckgläser füllen und sofort luftdicht verschließen.
- Nach dem Erkalten soll die Marmelade streichfähig bis schnittfest sein.

VARIATIONEN

Walderdbeermarmelade: Anstelle der Erdbeeren können Sie Walderdbeeren verwenden.
Himbeermarmelade: Anstelle der Erdbeeren können Sie Himbeeren verwenden.
Brombeermarmelade: Anstelle der Erdbeeren können Sie Brombeeren verwenden.
Stachelbeer-Orangen-Marmelade: Anstelle der Erdbeeren verwenden Sie 600 g rote Stachelbeeren, 300 ml Orangensaft und die Schale von 1 Orange.
Kirschmarmelade: Anstelle der Erdbeeren verwenden Sie entsteinte Kirschen und die Schale von ½ Orange.
Erdbeer-Kiwi-Marmelade: Ergänzen Sie die Erdbeeren um 3 in Würfel geschnittene reife Kiwis und 1 Teelöffel geriebenen Ingwer.

TIPPS

1. *Nur mit vollreifen Beeren von guter Qualität erhalten Sie die beste Marmelade.*
2. *Verwendung als Brotaufstrich, zum Füllen von Gebäck und Omeletten.*
3. *Die Marmelade eignet sich sehr gut zum Füllen von Weihnachtskeksen.*
4. *Wenn Sie die Marmelade ohne Kerne wollen, können Sie die Marmelade vor dem Abfüllen passieren.*

Marillenmarmelade

FÜR ETWA 4 GLÄSER ZU JE 250 G

Zutaten

1 kg	vollreife Marillen (Aprikosen)
600 g	Gelierzucker

etwa 8 Minuten

Zubereitung

- Marillen waschen, halbieren, entsteinen und in große Würfel schneiden.
- In einem Kochtopf die Marillen mit Gelierzucker zum Kochen bringen, dann noch 6–8 Minuten kochen lassen (je nach Wassergehalt der Marillen).
- Nun die Marmelade in sterile Weckgläser füllen und sofort luftdicht verschließen.
- Nach dem Erkalten soll die Marmelade streichfähig sein.

VARIATIONEN

Pfirsichmarmelade: Anstelle der Marillen können Sie Pfirsiche verwenden.
Pfirsich-Melba-Marmelade: Ergänzen Sie die Pfirsichmarmelade um 200 g Himbeeren, eine Messerspitze Kardamom und etwas Vanilleschote.
Zwetschgenmarmelade: Anstelle der Marillen können Sie Zwetschgen verwenden.
Schwarzbeermarmelade: Anstelle der Marillen verwenden Sie Schwarzbeeren (Heidelbeeren).
Kürbis-Apfel-Marmelade mit Vanille: Anstelle der Marillen verwenden Sie 600 g Muskatkürbis, 300 ml Bio-Apfelsaft und würzen die Marmelade mit 1 Esslöffel geriebener Orangenschale und ½ Vanilleschote.

TIPPS

1. *Nur mit vollreifen Früchten von guter Qualität erhalten Sie eine gute Marmelade.*
2. *Verwendung als Brotaufstrich, zum Füllen von Gebäck und Omeletten.*
3. *Die Marmelade eignet sich sehr gut zum Füllen von Weihnachtskeksen.*
4. *Passieren Sie die Marmelade, dann eignet sie sich gut zum Füllen von Faschingskrapfen und Kuchen.*

Kalt gerührte Preiselbeermarmelade

FÜR ETWA 3 GLÄSER ZU JE 250 G

Zutaten

500 g	vollreife Preiselbeeren
200 g	Zucker
100 ml	Rotwein
½ Msp.	Nelkenpulver
½ Msp.	Zimt
10 g	Orangenschale
2 TL	Apfelpektin

Zubereitung

- Preiselbeeren waschen, mit Zucker, Rotwein, Nelkenpulver, Zimt und Orangenschale vermischen und etwa 2 Stunden ziehen lassen.
- Marinierte Preiselbeeren mit Apfelpektin vermischen und mit der Küchenmaschine 15–20 Minuten bei mittlerer Geschwindigkeit rühren, bis die Preiselbeeren eine cremige Konsistenz haben.
- Nun die Marmelade in sterile Weckgläser füllen, luftdicht verschließen und im Kühlschrank lagern.

VARIATIONEN

Preiselbeermarmelade: Wenn Sie eine klassische Preiselbeermarmelade einkochen möchten, dann können Sie die oben genannten Zutaten ohne Apfelpektin etwa 15 Minuten kochen und heiß in sterile Weckgläser abfüllen. Die Marmelade ist gut verschlossen mehrere Monate haltbar.

Kalt gerührte Brombeermarmelade: Anstelle der Preiselbeeren können Sie Brombeeren verwenden, ersetzen Sie den Zimt durch 1 Vanilleschote.

Kalt gerührte Schwarzbeermarmelade: Anstelle der Preiselbeeren können Sie Schwarzbeeren (Heidelbeeren) verwenden, ersetzen Sie das Nelkenpulver durch 2 Anissterne.

TIPPS

1. *Achtung! Kalt gerührte Marmeladen sind nur im Kühlschrank etwa 1 Monat haltbar.*
2. *Nur mit vollreifen Früchten von guter Qualität erhalten Sie eine gute Marmelade.*
3. *Verwendung als Brotaufstrich, zum Füllen von Gebäck und Omeletten.*
4. *Preiselbeeren eignen sich als Beilage zu Wild-, Geflügel- und Schmorgerichten.*
5. *Apfelpektin erhalten Sie im Reformhaus.*

Schwarzbeermarmelade

FÜR ETWA 6 GLÄSER ZU JE 250 G

Zutaten

1 kg	Schwarzbeeren (Heidelbeeren)
600 g	Gelierzucker

etwa 8 Minuten

Zubereitung

- Schwarzbeeren waschen.
- In einem Kochtopf Schwarzbeeren mit Gelierzucker zum Kochen bringen, dann noch 6–8 Minuten kochen lassen (je nach Wassergehalt der Schwarzbeeren).
- Nun die Marmelade in sterile Weckgläser füllen und sofort luftdicht verschließen.
- Nach dem Erkalten soll die Marmelade streichfähig sein.

VARIATIONEN

Moosbeermarmelade: Anstelle der Schwarzbeeren können Sie Moosbeeren verwenden.
Schwarzbeer-Erdbeer-Marmelade mit Cassis: Verwenden Sie dafür 600 g Schwarzbeeren, 300 g Erdbeeren und würzen die Marmelade mit 60 g Cassis (Likör).

TIPPS

1. *Nur mit vollreifen Beeren von guter Qualität erhalten Sie eine gute Marmelade.*
2. *Verwendung als Brotaufstrich, zum Füllen von Gebäck und Omeletten.*
3. *Die Marmelade eignet sich sehr gut zum Füllen von Rouladen und Schnitten.*
4. *Sie können die Marmelade auch zu Käse oder Wildgerichten servieren.*

Schwarzbeer
marmelade

Orangen-Ingwer-Marmelade

FÜR ETWA 4 GLÄSER ZU JE 250 G

Zutaten

6	Bio-Orangen
600 g	Gelierzucker
10 g	Ingwer, geschält und in Scheiben geschnitten

etwa 20 Minuten

Zubereitung

- Bio-Orangen mit heißem Wasser waschen, die orange Schale dünn mit einem Sparschäler abschälen (etwa 100 g) und die Orangen auspressen (etwa 700 ml Saft).
- Die Orangenschale in feine Streifen schneiden, in Wasser etwa 5 Minuten kochen lassen und abseihen.
- In einem Kochtopf Orangenschale, Saft, Gelierzucker und Ingwer vermischen und etwa 2 Stunden ziehen lassen.
- Nun das Gemisch zum Kochen bringen und etwa 15 Minuten langsam kochen lassen. Gelierprobe (siehe Seite 8) machen, dann in sterile Weckgläser füllen und sofort luftdicht verschließen.
- Nach dem Erkalten soll die Marmelade streichfähig sein.

VARIATIONEN

Grapefruit-Campari-Marmelade: Anstelle der Bio-Orangenschale können Sie 50 g Grapefruitschale verwenden und anstelle des Orangensaftes 700 ml Grapefruitsaft sowie 60 ml Campari.
Zitronen-Birnen-Marmelade: Anstelle der Bio-Orangenschale verwenden Sie 50 g Bio-Zitronenschale und anstelle des Orangensaftes 200 ml Zitronensaft und 500 ml Birnensaft.

TIPPS

1. *Nur mit vollreifen Orangen von guter Qualität erhalten Sie eine gute Marmelade.*
2. *Verwendung als Brotaufstrich, zum Füllen von Gebäck und Omeletten.*
3. *Die Marmelade eignet sich sehr gut zum Füllen von Weihnachtskeksen.*
4. *Wenn Sie die Marmelade ohne Schale wollen, können Sie sie vor dem Abfüllen passieren.*

Schlehdornmarmelade

FÜR ETWA 4 GLÄSER ZU JE 500 G

Zutaten

800 g	vollreife Schlehdornfrüchte (nach den ersten Frostnächten geerntet)
300 ml	Apfelsaft
1 kg	Gelierzucker oder Zucker

etwa 10 Minuten

Zubereitung

- Schlehdornfrüchte putzen und in einem Sieb gründlich mit kaltem Wasser waschen. Die Früchte abtropfen lassen.
- In einem Kochtopf geputzte Schlehdornfrüchte, Apfelsaft und Zucker vermischen und etwa 5 Stunden ziehen lassen.
- Nun die Schlehdornfrüchte zum Kochen bringen, etwa 10 Minuten langsam kochen lassen, dann durch ein feines Sieb passieren und dabei mit einer kleinen Schöpfkelle die Samen der Schlehen gut ausdrücken.
- Die Marmelade nochmals kurz aufkochen, Gelierprobe (siehe Seite 8) machen, dann in sterile Weckgläser füllen und sofort luftdicht verschließen.

VARIATIONEN

Hagebuttenmarmelade: Anstelle der Schlehdornfrüchte verwenden Sie entkernte und etwa 20 Minuten in Wasser gekochte Hagebutten und anstelle des Apfelsaftes verwenden Sie Orangensaft. Als Gewürz nehmen Sie eine Messerspitze Nelkenpulver.
Vogelbeer-Karotten-Marmelade: Anstelle der Schlehdornfrüchte können Sie 400 g Vogelbeeren und 400 g geraspelte Karotten verwenden. Würzen Sie die Marmelade mit 3 gehackten Wacholderbeeren und Vanilleschote.

TIPPS

1. *Wenn Schlehdorn, Hagebutten oder Vogelbeeren bereits einige Frostnächte hinter sich haben, verlieren sie an Gerbstoffen und schmecken viel feiner.*
2. *Sie können dem Frost auch nachhelfen, indem Sie die Früchte etwa 24 Stunden vor dem Verarbeiten tiefkühlen.*
3. *Schlehdorn, Hagebutten und Vogelbeeren haben einen sehr hohen Vitamin-C-Gehalt.*
4. *Verwendung als Brotaufstrich, zum Füllen von Gebäck, Rouladen und Omeletten.*

Quittengelee

Für etwa 2 Gläser zu je 250 g

Zutaten

500 g	Quitten (Apfel- oder Birnenquitten)
1 l	Wasser
200 g	Gelierzucker
2	Zitronengrasstangen
200 ml	Orangensaft

insgesamt etwa 1 Stunde

Zubereitung

- Quitten gut waschen, Stiel und Blütenansatz entfernen und in 2 cm große Stücke schneiden (Kerne nicht entfernen).
- Quittenstücke in einen Kochtopf mit Wasser geben (alle Stücke müssen mit Wasser bedeckt sein), dann die Quitten weich kochen, bis sie zerfallen.
- Den Quittensaft durch ein feines Sieb abseihen, wieder in einen Kochtopf geben und mit Gelierzucker, zerquetschtem Zitronengras und Orangensaft bei leichter Hitze etwa 15 Minuten köcheln lassen.
- Gelierprobe machen, dann in Gläser abfüllen und gut verschließen.

TIPPS

1. *Gelierprobe: Einen Löffel Gelee auf einen kalten Teller geben. Das Gelee ist fertig, wenn es fest wird und sich beim Zusammenschieben mit den Fingern Fältchen auf der Oberfläche bilden.*
2. *Gut verschlossen lässt sich Quittengelee mehrere Monate aufbewahren.*
3. *Sie können das Gelee zu Wildgerichten, Leberterrine, Käse, Süßspeisen usw. reichen.*

Johannisbeergelee

FÜR ETWA 6 GLÄSER ZU JE 250 G

Zutaten

1 kg	Johannisbeeren (Rote Ribisel)
1	Zitrone
200 ml	Süßwein (Moscato)
500 g	Gelierzucker

etwa 15 Minuten

Zubereitung

- Johannisbeeren in einem Sieb gründlich mit kaltem Wasser waschen. Die Beeren abtropfen lassen und von den Stielen befreien.
- Zitrone mit heißem Wasser waschen, die gelbe Schale dünn mit einem Sparschäler abschälen und den Saft der Zitrone auspressen.
- In einem Kochtopf die geputzten Johannisbeeren, Zitronenschale und -saft, Süßwein und Gelierzucker vermischen und etwa 2 Stunden ziehen lassen.
- Nun die Johannisbeeren zum Kochen bringen, etwa 15 Minuten kochen lassen, dann durch ein feines Sieb passieren.
- Gelierprobe machen, das Gelee in sterile Weckgläser füllen, sofort luftdicht verschließen.
- Nach dem Erkalten soll es streichfähig bis schnittfest sein.

VARIATIONEN

Weißes Traubengelee: Anstelle der Johannisbeeren können Sie weiße Trauben verwenden.
Orangen-Ingwer-Gelee: Anstelle der Johannisbeeren verwenden Sie 800 ml Blutorangensaft und die Schale von 1 Blutorange und würzen das Gelee mit 1 Esslöffel geriebenem Ingwer.
Rhabarber-Apfel-Gelee: Anstelle der Johannisbeeren verwenden Sie 600 g roten, geschälten Rhabarber (in Würfel geschnitten), 300 ml Bio-Apfelsaft und die Schale von ½ Zitrone.

TIPPS

1. *Gelierprobe: Einen Löffel Gelee auf einen kalten Teller geben. Das Gelee ist fertig, wenn es fest wird und sich beim Zusammenschieben mit den Fingern Fältchen auf der Oberfläche bilden.*
2. *Gut verschlossen lässt sich Johannisbeergelee mehrere Monate aufbewahren.*
3. *Sie können das Gelee auch zu Wildgerichten, Süßspeisen usw. reichen.*
4. *Das Gelee eignet sich als Brotaufstrich oder zum Füllen von Teegebäck oder Kuchen.*

Granatapfelgelee

FÜR ETWA 4 GLÄSER ZU JE 250 G

Zutaten

1 kg	Granatäpfel
300 ml	Apfelsaft
500 g	Gelierzucker
150 ml	Weißwein

etwa 20 Minuten

Zubereitung

- Granatäpfel halbieren und Kerne herauslösen.
- Granatapfelkerne in einen Kochtopf geben und zusammen mit Apfelsaft, Gelierzucker und Weißwein etwa 2 Stunden ziehen lassen.
- Nun die Granatapfelkerne zum Kochen bringen, langsam kochen lassen, durch ein Sieb passieren und dabei mit einer kleinen Schöpfkelle gut ausdrücken.
- Das Gelee nochmals kurz aufkochen, Gelierprobe machen, dann in sterile Weckgläser füllen und sofort luftdicht verschließen.
- Nach dem Erkalten soll das Gelee streichfähig bis schnittfest sein.

VARIATION

Apfelgelee: Anstelle der Granatäpfel können Sie 500 ml Apfelsaft verwenden und ergänzen das Rezept um 50 ml Calvados (Apfelschnaps) und den Saft einer Zitrone. Reiben Sie in das gekochte Gelee einen rohen Apfel, bevor Sie es in die Weckgläser füllen.

TIPPS

1. *Da beim Herauslösen der Kerne immer einige aufplatzen, können Sie den Granatapfel in Stücke schneiden, die Fruchtstücke dann in eine Schüssel mit kaltem Wasser legen und mit den Fingern die Kerne unter Wasser aus der Frucht lösen. Die Kerne platzen unter Wasser auf und Ihre Küche plus Kleidung bleiben sauber.*
2. *Gelierprobe: Einen Löffel Gelee auf einen kalten Teller geben. Das Gelee ist fertig, wenn es fest wird und sich beim Zusammenschieben mit den Fingern Fältchen auf der Oberfläche bilden.*
3. *Gut verschlossen lässt sich das Gelee mehrere Monate aufbewahren.*
4. *Das Gelee eignet sich als Brotaufstrich oder zum Füllen von Teegebäck oder Kuchen.*
5. *Sie können das Gelee auch zu Wildgerichten oder Süßspeisen wie Buchteln, Knieküchlein usw. reichen.*

Birnenmostarda

Für etwa 3 Gläser zu je 250 g

Zutaten

500 g	Birnen
500 ml	Wasser
400 g	Muscovadozucker oder brauner Rohrzucker
20 ml	Apfelessig
1 Msp.	Nelkenpulver
1 EL	Kren, in feinste Streifen geschnitten
1 EL	rosa Pfeffer, zerstoßen
3 Tropfen	Senföl oder 1 Msp. Senfpulver

etwa 20 Minuten

Zubereitung

- Birnen schälen, vierteln, entkernen und in große Scheiben schneiden.
- Wasser, Muscovadozucker und Apfelessig zu den Birnen in einen Topf geben und weich kochen.
- Mit Nelkenpulver, Kren, rosa Pfeffer und Senföl abschmecken.
- Birnenmostarda in sterile Weckgläser füllen und sofort luftdicht verschließen.

VARIATION

Apfelmostarda: Anstelle der Birnen verwenden Sie Äpfel.

TIPPS

1. *Man kann zur Geschmacksverfeinerung etwas Zimtstange oder Sternanis zufügen.*
2. *Man reicht die Birnenmostarda zu verschiedenen Käsen, gekochtem Rindfleisch, gekochtem Huhn und zu Leberterrinen.*
3. *Senföl erhalten Sie in der Apotheke.*

Feigen-Tomaten-Chutney

FÜR ETWA 4 GLÄSER ZU JE 250 G

Zutaten

500 g	Feigen
300 g	Zucker
300 ml	Weißweinessig
2 g	Safran
	Salz
120 g	Zwiebeln, in Würfel geschnitten
½ TL	Zimt
½ TL	Muskatnuss, gerieben
120 g	Sultaninen
220 g	Tomaten, in Würfel geschnitten
1 Msp.	Cayennepfeffer

etwa 30 Minuten

Zubereitung

- Feigen waschen, vierteln und in kleine Würfel schneiden.
- Zucker, Weißweinessig, Safran und Salz in einem Kochtopf zum Kochen bringen und fast zur Gänze einkochen (bis der Sirup hellbraun wird).
- Nun Zwiebeln, Zimt, Muskatnuss und Sultaninen dazugeben, weiterkochen, bis die Zwiebeln verkocht sind.
- Zum Schluss Feigen und Tomaten dazugeben und bei schwacher Hitze weich dünsten, bis eine marmeladenartige Konsistenz erreicht wird.
- Eventuell durch ein Sieb streichen, mit Cayennepfeffer abschmecken.
- Das Feigen-Tomaten-Chutney in sterile Weckgläser füllen und sofort luftdicht verschließen.
- Nach dem Erkalten soll das Feigen-Tomaten-Chutney streichfähig sein.

VARIATIONEN

Anstelle der Feigen verwenden Sie **Mango, Pflaumen, Ananas** oder **Marillen.**

TIPPS

1. *Man reicht Feigen-Tomaten-Chutney zu verschiedenen Käsesorten.*
2. *Sie können das Chutney als Beilage zum Antipasto servieren.*

Apfel-Zwiebel-Chutney

FÜR ETWA 4 GLÄSER ZU JE 250 G

Zutaten

300 g	Äpfel
200 g	Zwiebeln
400 g	Zucker
70 ml	Weißweinessig
100 ml	Wasser
1	Knoblauchzehe, in Scheiben geschnitten
1	Gewürznelke
1	Zimtrinde, kleines Stück
	schwarzer Pfeffer aus der Mühle

etwa 20 Minuten

Zubereitung (siehe vordere Umschlag-Innenseite)

- Äpfel schälen, vierteln, entkernen und in Scheiben schneiden.
- Zwiebeln schälen, halbieren und in Scheiben schneiden.
- Zucker in einen Kochtopf geben und leicht karamellisieren lassen.
- Weißweinessig und Wasser aufgießen, den Karamell kochen lassen, bis er sich aufgelöst hat.
- Äpfel, Zwiebeln, Knoblauch, Gewürznelke und Zimtrinde zum Karamell geben und alles zusammen weich kochen.
- Mit Pfeffer pikant abschmecken.
- Nun das Apfel-Zwiebel-Chutney in sterile Weckgläser füllen und sofort luftdicht verschließen.

VARIATION

Birnen-Zwiebel-Chutney: Anstelle der Äpfel verwenden Sie Birnen.

TIPPS

1. *Man reicht das Apfel-Zwiebel-Chutney zu verschiedenen Käsen.*
2. *Servieren Sie das Apfel-Zwiebel-Chutney auch zu gekochtem Rindfleisch, gekochtem oder gebratenem Geflügel und zu Leberterrinen, Rohschinken usw.*

Chilisauce süßsauer

FÜR ETWA 4 GLÄSER ZU JE 250 G

Zutaten

500 g	rote Peperoni
120 g	Schalotten oder Zwiebeln
1	Knoblauchzehe, fein gehackt
120 ml	Wasser
250 g	Gelierzucker
80 ml	weißer Balsamicoessig
10 g	Ingwer, fein gerieben
1 TL	Chilipulver oder 2 frische Chilischoten, fein geschnitten

etwa 25 Minuten

Zubereitung

- Peperoni mit einem Sparschäler schälen und halbieren.
- Schalotten schälen und alles in kleine Würfel schneiden.
- Knoblauch, Wasser, Gelierzucker, weißen Balsamicoessig, Ingwer und Chilipulver dazugeben, zum Kochen bringen und weich dünsten, bis sich eine marmeladenartige Konsistenz ergibt.
- Chilisauce süßsauer in sterile Weckgläser füllen und sofort luftdicht verschließen.

TIPPS

1. *Nach dem Erkalten sollte die süßsaure Chilisauce eher dickflüssig sein.*
2. *Man kann zur Geschmacksverfeinerung 20 g getrocknete, fein gewürfelte Tomaten dazugeben.*
3. *Servieren Sie die Chilisauce süßsauer zu Wiener Schnitzel oder zu gebratenen Hühnerbrüstchen.*
4. *Man reicht die Chilisauce süßsauer auch zu verschiedenen Käsesorten, kalten Vorspeisen oder zu gegrilltem Fleisch und Fisch.*

Birnenkompott

Für etwa 2 Gläser zu je 500 g

Zutaten

500 g	Birnen (Williams, Abate, Kaiser Alexander)
200 ml	Wasser
70 g	Zucker
2	Zitronenschalen, kleine Stücke

etwa 25 Minuten (je nach Reife der Birnen)

Zubereitung

- Birnen schälen, halbieren und mit dem Kugelausstecher (Parisienne-Ausstecher) entkernen.
- Wasser mit Zucker und Zitronenschalen aufkochen und bereitstellen.
- Birnenhälften in Weckgläser einlegen, mit Zuckersirup übergießen, bis alle Birnen bedeckt sind, dann gut verschließen.
- Geben Sie Küchenkrepp oder ein Küchentuch in einen Kochtopf und stellen die gefüllten Weckgläser darauf.
- Füllen Sie nun den Kochtopf mit kochend heißem Wasser, bis die Weckgläser drei viertel im Wasser stehen.
- Den Kochtopf mit einem Deckel abdecken und das Kompott kochen.
- Die Gläser aus dem Kochtopf nehmen, mit kaltem Wasser abschrecken und aufbewahren.

VARIATIONEN

Eingelegte Holzbirnen (siehe Foto): Nehmen Sie geschälte kleine Holzbirnen und würzen Sie den Zuckersirup mit etwas Zimtrinde.

Rotweinbirnenkompott: Anstelle des Wassers verwenden Sie einen kräftigen, dunklen Rotwein und ergänzen den Zuckersirup um 1 Esslöffel Honig.

Birnen-Feigen-Kompott: Ergänzen Sie das Kompott um 100 g in Scheiben geschnittene, getrocknete Feigen.

Vanillebirnenkompott: Würzen Sie das Kompott mit einem Stück Vanilleschote, anstelle von Wasser können Sie Orangensaft verwenden.

Apfelkompott: Anstelle der Birnen verwenden Sie Äpfel.

TIPPS

1. *Sie können die mit Birnen gefüllten Weckgläser auch im Dampfgarer bei 95 Grad sterilisieren.*
2. *Größere Birnen können Sie vierteln.*
3. *Sie können weitere Geschmacksträger wie Zimtrinde und Gewürznelken verwenden.*
4. *Birnenkompott eignet sich unter anderem als Beilage zu Wildgerichten.*

Eingelegte Holzbirnen

Birnenkompott

Zwetschgenröster

FÜR ETWA 2 GLÄSER ZU JE 500 G

Zutaten

20 ml	Wasser
50 ml	Rotwein oder Portwein
120 g	Gelierzucker
3	Gewürznelken
1	Zimtrinde, kleines Stück
1	Zitronenschale, kleines Stück
500 g	vollreife Zwetschgen

Sud: etwa 5 Minuten
Zwetschgenröster: etwa 12 Minuten

Zubereitung

- Wasser, Rotwein, Gelierzucker, Gewürznelken, Zimtrinde und Zitronenschale kochen lassen und abseihen.
- Inzwischen die Zwetschgen entstielen, waschen, halbieren und entsteinen.
- Die Zwetschgenhälften in den Sud geben und weich kochen, bis die Früchte fast zerfallen.
- Nun die Früchte noch heiß in sterile Weckgläser füllen und sofort luftdicht verschließen.

VARIATIONEN

Marillenröster: Anstelle der Zwetschgen verwenden Sie Marillen und lassen den Rotwein weg.
Pfirsichröster: Anstelle der Zwetschgen können Sie in Stücke geschnittene Pfirsiche verwenden und anstelle von Rotwein verwenden Sie Weißwein.

TIPPS

1. *Verwenden Sie nur vollreife Früchte.*
2. *Am besten eignet sich die kleine Weinbergzwetschge.*
3. *Die Gewürze kann man zum leichteren Entfernen in ein Gewürzsäckchen (Leinentuch oder Filtertüte) geben.*
4. *Den Zwetschgenröster serviert man zu Kaiserschmarren, Omeletten, Topfensoufflé usw.*

Quittenkompott

FÜR ETWA 2 GLÄSER ZU JE 500 G

Zutaten

500 g	Quitten (Apfel- oder Birnenquitten)
200 ml	Wasser
70 g	Zucker
2	Zitronenschalen, kleine Stücke
1	Sternanis
1	Zimtrinde
80 ml	Weißwein

etwa 35 Minuten

Zubereitung

- Quitten schälen, vierteln, mit einem kleinen Messer das Kerngehäuse entfernen und in Würfel schneiden.
- Wasser mit Zucker, Zitronenschalen, Sternanis, Zimtrinde und Weißwein aufkochen.
- Quitten in Weckgläser einlegen, mit Zuckersirup übergießen, bis alle Quitten bedeckt sind und dann gut verschließen.
- Geben Sie Küchenkrepp oder ein Küchentuch in einen Kochtopf und stellen die gefüllten Weckgläser darauf. Füllen Sie nun den Kochtopf mit kochend heißem Wasser, bis die Weckgläser drei viertel im Wasser stehen.
- Den Kochtopf mit einem Deckel abdecken und das Kompott kochen.
- Die Gläser aus dem Kochtopf nehmen, mit kaltem Wasser abschrecken und aufbewahren.

TIPPS

1. *Sie können die gefüllten Weckgläser auch im Dampfgarer bei 95 Grad sterilisieren.*
2. *Sie können die Quitten auch nur vierteln.*
3. *Weitere Geschmacksträger: Zitronengras, Sultaninen oder Gewürznelken.*
4. *Verwendung unter anderem als Kompott für Süßspeisen oder als Beilage zu Wildgerichten.*

Kirschkompott

FÜR ETWA 2 GLÄSER ZU JE 600 G

Zutaten

500 ml	Wasser
150 g	Zucker (je nach Süße der Kirschen)
1	Zimtrinde
1	Zitronenschale, kleines Stück
1	Orangenschale, kleines Stück
½	Vanilleschote
600 g	Kirschen (Süß- oder Sauerkirschen)

etwa 20 Minuten

Zubereitung

- Aus Wasser, Zucker, Zimtrinde, Zitronenschale, Orangenschale und Vanilleschote einen Zuckersirup kochen (etwa 2 Minuten).
- Kirschen waschen, entstielen und entsteinen, in Weckgläser einlegen, mit Zuckersirup und Gewürzen übergießen, bis alle Kirschen bedeckt sind, dann gut verschließen.
- Geben Sie Küchenkrepp oder ein Küchentuch in einen Kochtopf und stellen die gefüllten Weckgläser darauf. Füllen Sie nun den Kochtopf mit kochend heißem Wasser, bis die Weckgläser drei viertel im Wasser stehen.
- Den Kochtopf mit einem Deckel abdecken und das Kompott kochen.
- Die Gläser aus dem Kochtopf nehmen, mit kaltem Wasser abschrecken und aufbewahren.

VARIATIONEN

Pflaumenkompott: Anstelle der Kirschen können Sie entsteinte Pflaumen verwenden.
Zwetschgenkompott: Anstelle der Kirschen verwenden Sie entsteinte Zwetschgen.
Rotweinkirschkompott: Den Zucker in einer Pfanne bei mittlerer Hitze unter Rühren hellbraun karamellisieren. Anstelle des Wassers mit 250 ml Portwein und 250 ml Rotwein ablöschen, die Gewürze zufügen und aufkochen. Dann zu den Kirschen, wie oben beschrieben, in die Weckgläser füllen und einwecken.

TIPPS

1. *Sie können die mit Kirschen gefüllten Weckgläser auch im Dampfgarer bei 95 Grad sterilisieren.*
2. *Weitere Geschmacksträger: Zitronengras oder Gewürznelken.*
3. *Verwenden Sie das Kirschkompott als Dessert oder zu Geflügel- oder Wildgerichten.*
4. *Die Kirschen sollten mehr ziehen als kochen, sonst springen sie auf.*

Quattro Stagioni
PER CONTO DI BORMIOLI ROCCO

Pfefferkirschen

Für etwa 2 Gläser zu je 500 g

Zutaten

150 ml	Wasser
150 g	Gelierzucker
150 ml	kräftiger Rotwein
50 ml	Rotweinessig
4	Gewürznelken
1 EL	Orangenschale (nur das Orange)
1 EL	Pfeffermix (von »So-würzt-Südtirol«-Gewürzen) oder schwarzer Pfeffer
500 g	Kirschen (Süß- oder Sauerkirschen)

etwa 15 Minuten

Zubereitung

- Aus Wasser, Gelierzucker, Rotwein, Rotweinessig, Gewürznelken, Orangenschale und Pfeffermix einen Zuckersirup kochen (etwa 2 Minuten).
- Kirschen waschen, entstielen und entsteinen, zum Zuckersirup geben und anschließend langsam weich kochen.
- Die noch heißen Kirschen in sterile Weckgläser füllen und sofort luftdicht verschließen.

VARIATION

Balsamico-Pfefferkirschen: Den Zucker in einer Pfanne bei mittlerer Hitze unter Rühren hellbraun karamellisieren und den Rotwein durch 70 ml alten Balsamicoessig ersetzen.

TIPPS

1. *Weitere Geschmacksträger: Kardamom oder Sternanis.*
2. *Verwenden Sie die Pfefferkirschen als Dessert oder zu geschmortem Rind, Geflügel- oder Wildgerichten.*
3. *Die Kirschen sollten mehr ziehen als kochen, sonst springen sie auf.*

Marillenkompott

Für etwa 2 Gläser zu je 500 g

Zutaten

750 g	Marillen
250 ml	Wasser
80 g	Zucker (je nach Reife, Süße der Früchte)
30 ml	Zitronensaft

etwa 20 Minuten

Zubereitung

- Marillen waschen, halbieren und entsteinen.
- Wasser mit Zucker und Zitronensaft kurz aufkochen (etwa 2 Minuten) und bereitstellen.
- Marillenhälften in Weckgläser einlegen, mit Zuckersirup übergießen, bis alle Marillen bedeckt sind und gut verschließen.
- Geben Sie Küchenkrepp oder ein Küchentuch in einen Kochtopf und stellen die gefüllten Weckgläser darauf. Füllen Sie nun den Kochtopf mit kochend heißem Wasser, bis die Weckgläser drei viertel im Wasser stehen.
- Den Kochtopf mit einem Deckel abdecken und das Kompott kochen.
- Die Gläser aus dem Kochtopf nehmen, mit kaltem Wasser abschrecken und aufbewahren.

VARIATIONEN

Marillen-Ingwer-Kompott: Würzen Sie das Kompott mit 50 g geschältem, in Scheiben geschnittenem Ingwer.
Marillen-Minze-Kompott: Geben Sie zum Kompott 1 Esslöffel Pfefferminze.
Pfirsichkompott: Anstelle der Marillen können Sie geschälte Pfirsiche verwenden.

TIPPS

1. *Sie können die gefüllten Weckgläser auch im Dampfgarer bei 95 Grad sterilisieren.*
2. *Größere Marillen können Sie vierteln.*
3. *Weitere Geschmacksträger: Zimtrinde und Gewürznelken.*
4. *Verwenden Sie die Marillen als Beilage zu Schokoladenmousse, Topfensoufflé, Schmarren, Milchreis oder als Füllung für Omeletten.*
5. *Als Beilage zu Geflügel- oder Wildgerichten eignen sich Marillen besonders gut.*

Eingelegte Melanzane

FÜR ETWA 3 GLÄSER ZU JE 250 G

Zutaten

800 ml	Wasser
300 ml	Weißwein
200 ml	Weißweinessig
1	Zwiebel, in Streifen geschnitten
4	Pfefferkörner
1	Knoblauchzehe
1	Lorbeerblatt
	Salz
800 g	Melanzane
100 ml	Olivenöl

Melanzane:
etwa 7 Minuten

Sterilisation:
etwa 75 Grad

Sterilisation:
etwa 10 Minuten (je nach Größe der Weckgläser)

Zubereitung

- Wasser, Weißwein, Weißweinessig, Zwiebelstreifen, Pfefferkörner, Knoblauchzehe, Lorbeerblatt und Salz kurz aufkochen.
- Melanzane waschen, schälen und in 1 cm große Würfel schneiden.
- Nun die Melanzanewürfel in den kochenden Sud geben und kochen.
- Melanzane und Gewürze aus dem Sud nehmen, in sterile Weckgläser füllen, mit Olivenöl aufgießen und mit Kochsud auffüllen, bis alle Melanzanewürfel bedeckt sind.
- Nun die Weckgläser gut verschließen.
- Geben Sie Küchenkrepp oder ein Küchentuch in einen Kochtopf und stellen die gefüllten Weckgläser darauf. Füllen Sie nun den Kochtopf mit kochend heißem Wasser, bis die Weckgläser drei viertel im Wasser stehen.
- Den Kochtopf mit einem Deckel abdecken und die Gläser mit den eingelegten Melanzane sterilisieren.
- Die Gläser aus dem Kochtopf nehmen, mit kaltem Wasser abschrecken und aufbewahren.

VARIATIONEN

Eingelegter Knoblauch: Anstelle der Melanzane verwenden Sie 400 g geschälten Knoblauch und würzen zusätzlich mit einem Peperoncino, je 1 Thymian- und Rosmarinzweig und 4 Gewürznelken.
Eingelegte Schalotten: Anstelle der Melanzane können Sie 600 g geschälte, halbierte Schalotten verwenden und würzen zusätzlich mit 1 Esslöffel Kurkuma, 1 Esslöffel Senfkörnern und 1 Thymianzweig.
Eingelegte Zucchini: Anstelle der Melanzane verwenden Sie Zucchini und würzen Sie zusätzlich mit in feine Streifen geschnittenen, milden Chilischoten und Oregano.

TIPPS

1. *Auf diese Art können Sie auch Pilze wie Steinpilze, Pfifferlinge oder Peperoni einlegen.*
2. *Servieren Sie die eingelegten Melanzane zu Coppa, geselchtem Rindfleisch, Bresaola, Carpaccio und als Antipasto.*

Eingelegte Steinpilze

FÜR ETWA 3 GLÄSER ZU JE 250 G

Zutaten

1 1/2 l	Wasser
300 ml	Apfelessig
4	Wacholderbeeren
1	Zwiebel, in Streifen geschnitten
100 g	Karotten, in Würfel geschnitten
1	Knoblauchzehe
1	Lorbeerblatt
	Salz
800 g	Steinpilze
400 ml	Olivenöl
1 TL	Thymianblätter
1 EL	Petersilie, fein geschnitten

Steinpilze: etwa 7 Minuten

Sterilisation: etwa 75 Grad

Sterilisation: etwa 15 Minuten (je nach Größe der Weckgläser)

Zubereitung

- Wasser, Apfelessig, Wacholderbeeren, Zwiebelstreifen, Karottenwürfel, Knoblauchzehe, Lorbeerblatt und Salz kurz aufkochen.
- Steinpilze putzen, kleine Exemplare halbieren oder vierteln, größere Pilze in etwa 3 cm große Stücke schneiden und im Sud kochen.
- Abseihen, in Weckgläser mit Olivenöl, Thymianblättern und Petersilie einlegen und mit dem Deckel verschließen.
- Geben Sie Küchenkrepp oder ein Küchentuch in einen Kochtopf und stellen die gefüllten Weckgläser darauf. Füllen Sie nun den Kochtopf mit kochend heißem Wasser, bis die Weckgläser drei viertel im Wasser stehen.
- Den Kochtopf mit einem Deckel abdecken und die Gläser mit den eingelegten Steinpilzen sterilisieren.
- Die Gläser aus dem Kochtopf nehmen, mit kaltem Wasser abschrecken und aufbewahren.

VARIATIONEN

Eingelegte Pfifferlinge: Verwenden Sie anstelle der Steinpilze Pfifferlinge.

Eingelegte Artischocken: Sie können auch geputzte Artischocken auf diese Weise zubereiten. Als Gewürze nehmen Sie Pfefferkörner und Thymian.

Eingelegte Peperoni: Ersetzen Sie die Steinpilze durch die gleiche Menge geschälte und in 3 cm große Stücke geschnittene Peperoni. Als Gewürze können Sie Kurkuma, Pfefferkörner, Knoblauch, Lorbeer und Salz verwenden.

Eingelegte Hallimasch: Hallimasch-Pilze ersetzen die Steinpilze.

TIPPS

1. *Wenn Sie die eingelegten Steinpilze innerhalb einer Woche verzehren, können Sie die Pilze auch ohne sie zu sterilisieren im Kühlschrank aufbewahren.*
2. *Servieren Sie die Steinpilze zu Carpaccio, geselchtem Rindfleisch, Hirschschinken oder als Antipasto.*

70 mm
MODELLO DEPOSITATO

Süßsauer eingelegtes Gemüse

FÜR ETWA 4 GLÄSER ZU JE 250 G

Zutaten

200 g	Zucchini
200 g	Fenchelknolle
200 g	rote und gelbe Peperoni
180 g	Zwiebeln
180 g	Blumenkohlröschen
50 g	grobes Salz
300 g	Eiswürfel oder kaltes Wasser
1	Knoblauchzehe, in Scheiben geschnitten
400 ml	Weißweinessig
230 g	Zucker
1 TL	Senfkörner
1½ TL	Kurkuma, gemahlen (Gelbwurz) oder Curry

etwa 15 Minuten

Zubereitung

- Zucchini, Fenchelknolle, Peperoni waschen, putzen, eventuell mit einem Sparschäler schälen und in etwa 3 cm lange Streifen schneiden.
- Zwiebeln ebenfalls schälen und in Streifen schneiden.
- Zwiebel- und Gemüsestreifen zusammen mit Blumenkohlröschen, grobem Salz und Eiswürfeln vermischen und etwa 5 Stunden im Kühlschrank stehen lassen.
- Blumenkohl, Zucchini, Fenchel, Peperoni und Zwiebeln abseihen und das Wasser mit Knoblauch, Weißweinessig, Zucker, Senfkörnern und Kurkuma aufkochen.
- Gemüse zufügen und kochen lassen.
- Das Gemüse mit dem Sud noch heiß in sterile Weckgläser füllen und gut verschließen.

TIPPS

1. *Sie können auch andere Gemüsesorten verwenden, z. B. Sellerieknolle, Petersilienwurzel, Schalotten und Kürbis.*
2. *Kurkuma bekommen Sie im Fachhandel oder Reformhaus.*

Süßsauer eingelegte grüne sardische Tomaten

FÜR ETWA 4 GLÄSER ZU 250 G

Zutaten

2 kg	grüne sardische Tomaten (*Pomodori Sardi*, eher kleine reife Tomaten auswählen)
250 g	weiße Zwiebeln
400 ml	leichter Rotwein
700 ml	Weißweinessig
50 g	grobes Salz
200 ml	Wasser
1 TL	Senfkörner
½ TL	Pfefferkörner, zerdrückt
1 EL	Basilikum, grob geschnitten
400 g	Gelierzucker

etwa 5 Minuten

Zubereitung (siehe vordere Umschlag-Innenseite)

- Grüne sardische Tomaten waschen und mit einem Zahnstocher einstechen, damit sich die Tomaten später mit der Zwiebelmarinade vollsaugen können.
- Zwiebeln schälen und in dünne Scheiben schneiden.
- Zwiebelscheiben, Rotwein, Weißweinessig, Salz und Wasser in einem Topf zum Kochen bringen, Senfkörner, Pfefferkörner, Basilikum und Gelierzucker dazugeben, einige Minuten kochen und auskühlen lassen.
- In der Zwischenzeit die Tomaten in Weckgläser einlegen und mit der völlig erkalteten Zwiebelmarinade auffüllen. Die Gläser mit Deckel gut verschließen und etwa 12 Stunden stehen lassen.
- Am nächsten Tag die Zwiebelmarinade wieder abseihen, nochmals aufkochen und auskühlen lassen und wieder über die Tomaten geben.
- Die Gläser gut verschließen und die Tomaten im Kühlschrank mindestens 4 Wochen ziehen lassen.

VARIATION

Süßsauer eingelegte Cocktailtomaten: Sie können auch Cocktailtomaten süßsauer einlegen.

TIPPS

1. *Die süßsauren Tomaten können Sie bis zu 2 Monate im Kühlschrank lagern.*
2. *Achtung! Verwenden Sie nur die »Pomodori Sardi«, eine spezielle grüne Tomatensorte und keine unreifen Strauchtomaten, diese enthalten nämlich das toxische Glykoalkaloid Solanin.*
3. *Sie können auch Kurkuma in den Sud geben, dadurch bekommen die Tomaten eine grüngelbliche Farbe und einen etwas asiatischen Geschmack.*
4. *Kurkuma bekommen Sie im Fachhandel oder Reformhaus.*

Essiggurken

Für etwa 4 Gläser zu je 250 g

Zutaten

1 l	Wasser
500 ml	Weißweinessig
2	Lorbeerblätter
50 g	Salz
100 g	Zucker
150 g	Zwiebeln
1 TL	Dill
1 TL	Pfefferkörner
1 TL	Hanfkörner
1 EL	Senfkörner
2 kg	kleine Gurken

Gewürzsud: etwa 5 Minuten

Sterilisation: etwa 75 Grad

Sterilisation: etwa 15 Minuten (je nach Größe der Weckgläser)

Zubereitung

- Wasser mit Weißweinessig, Lorbeerblättern, Salz und Zucker aufkochen.
- Zwiebeln in Ringe schneiden und mit Dill, Pfeffer-, Hanf- und Senfkörnern dazugeben und den Gewürzsud kochen lassen.
- Gurken waschen, eng in die Weckgläser einlegen, mit dem Gewürzsud auffüllen und gut verschließen.
- Geben Sie Küchenkrepp oder ein Küchentuch in einen Kochtopf und stellen die gefüllten Weckgläser darauf. Füllen Sie nun den Kochtopf mit kochend heißem Wasser, bis die Weckgläser drei viertel im Wasser stehen.
- Den Kochtopf mit einem Deckel abdecken und die Gläser mit den eingelegten Essiggurken sterilisieren.
- Die Gläser aus dem Kochtopf nehmen, mit kaltem Wasser abschrecken und aufbewahren.

VARIATION

Eingelegte Perlzwiebeln: Sie können anstelle der Gurken auch geschälte Perlzwiebeln verwenden und auf diese Weise zubereiten. Als besondere Geschmacksnote geben Sie 50 ml Marsala zum Sud.

TIPPS

1. *Anstelle der Gewürze gibt es im Fachhandel auch fertige Essiggurken-Gewürzmischungen.*
2. *Anstelle der Hanfkörner können Sie die doppelte Menge Senfkörner verwenden.*
3. *Hanfkörner erhalten Sie im Fachhandel oder in der Apotheke.*

Wildrosenblütensirup

FÜR ETWA 500 ML

Zutaten

250 g	Wildrosenblütenblätter oder Rosenblätter
400 g	Kandiszucker oder Zucker
30 ml	Orangensaft
20 ml	Zitronensaft
1	Orangenschale, kleines Stück
50 ml	abgekochtes Wasser

Pasteurisierung: etwa 85 Grad

Pasteurisierung: etwa 20 Minuten

Zubereitung

- In ein passendes steriles Glas die Wildrosenblütenblätter abwechselnd mit Kandiszucker einschichten und fest zusammendrücken.
- Orangen-, Zitronensaft und Orangenschale mit kaltem, abgekochtem Wasser verrühren und darübergießen.
- Das Glas gut verschließen, etwa 10 Tage an einen sonnigen Ort stellen und ziehen lassen.
- Anschließend den Inhalt durch ein angefeuchtetes Passiertuch oder feines Sieb gießen.
- Wildrosenblütenblätter auspressen und den Saft in eine Flasche abfüllen. Gut verschließen.
- Die Flasche in ein Wasserbad stellen und pasteurisieren.
- Auskühlen lassen und gut verschlossen kühl aufbewahren.

VARIATIONEN

Alpenrosensirup: Anstelle der Wildrosenblütenblätter können Sie gewaschene Alpenrosenblüten verwenden.
Waldmeisterblütensirup: Anstelle der Wildrosenblütenblätter verwenden Sie gewaschene Waldmeisterblüten.

TIPPS

1. *Sie können den Sirup für Drinks, Bowlen, Saucen, Cremen, Eis usw. verwenden.*
2. *Verwenden Sie Rosenblätter, sollten diese ungespritzt und wohlriechend sein.*

Holunderwein

FÜR ETWA 1 LITER

Zutaten

12	Holunderblüten (Dolden)
1 l	Weißwein
50 ml	Kirschwasser oder Treberschnaps
120 g	Zucker

Zubereitung

- Holunderblüten mit Weißwein 4–5 Tage in einem Gefäß abgedeckt im Keller ziehen lassen.
- Den Wein durch ein Passiertuch oder feines Sieb abseihen.
- Kirschwasser mit Zucker aufkochen und zum Wein geben.
- Jetzt alles zusammen gut vermischen, in sterile Flaschen abfüllen und verkorken.
- Vor dem Servieren noch einmal filtern, der Blütenstaub setzt sich etwas ab.
- Sehr kühl servieren.

TIPPS

1. *Verwendung für Cocktails als Aperitif, Sorbets oder Bowlen.*
2. *Sie können mit dem Holunderwein eine Zabaione zubereiten.*

Holundersirup

FÜR ETWA 4 LITER

Zutaten

2 l	Wasser
2 kg	Zucker
2	Bio-Orangen, in Scheiben geschnitten
2	Bio-Zitronen, in Scheiben geschnitten
25	Holunderblüten (Dolden)
40 g	Zitronensäure

Zubereitung

- Wasser mit Zucker aufkochen, dann vom Herd nehmen und auskühlen lassen.
- Bio-Orangen-, Bio-Zitronenscheiben, Holunderblüten und Zitronensäure in ein passendes Gefäß einschichten und den Zuckersirup darübergießen.
- Sirup mindestens 4–5 Tage abgedeckt im Keller ziehen lassen, abseihen, in Flaschen abfüllen und gut verschließen.
- Im Kühlschrank oder Keller aufbewahren.

TIPPS

1. *Sie können den Sirup mit Sekt oder Prosecco aufgießen und als Aperitif servieren.*
2. *Verwendung für Cocktails, Saft, Sorbets, Cremen, Bowlen und »Hugo«.*
3. *Zitronensäure bekommen Sie im Reformhaus.*

Holunderwein

Holundersirup

Melissen-Ingwer-Sirup

FÜR ETWA 3 LITER

Zutaten

1½ l	Wasser
1½ kg	Zucker
50 g	Ingwerscheiben
150 g	Zitronenmelissen- oder Goldmelissenblätter
20 g	Mexikanische Minze oder Pfefferminze
40 g	Zitronensäure

Zubereitung

- Wasser mit Zucker aufkochen, vom Herd nehmen und auskühlen lassen.
- Ingwerscheiben und Melissen- und Minzeblätter mit Zitronensäure in ein passendes Gefäß schichten und mit Zuckersirup übergießen.
- Den Sirup mindestens 4–5 Tage abgedeckt im Keller ziehen lassen.
- Durch ein Passiertuch oder feines Sieb abseihen, in sterile Flaschen abfüllen und gut verschließen.
- Im Kühlschrank oder Keller aufbewahren.

VARIATIONEN

Pfefferminz-Zitronen-Sirup: Anstelle der Melisse können Sie Pfefferminze verwenden und anstelle des Ingwers 3 Zitronen (in Scheiben geschnitten).
Waldmeister-Orangen-Sirup: Anstelle der Melisse verwenden Sie Waldmeisterblätter und Blüten und anstelle des Ingwers 3 Orangen (in Scheiben geschnitten).

TIPPS

1. *Sie können den Melissen-Ingwer-Sirup auch um Orangenscheiben ergänzen.*
2. *Verwenden Sie immer nur Bio-Melisse, spezielle Minzearten wie die Mexikanische Minze bekommen Sie in der Gärtnerei oder im Fachhandel.*
3. *Sie können auch die Blüten der Goldmelisse verwenden.*
4. *Verwendung für Cocktails, Saft, Halbgefrorenes, Sorbets, Cremen und Bowlen.*
5. *Sie können den Sirup auch pasteurisieren, dazu die gut verschlossenen Flaschen mit dem Sirup in einen Topf stellen und etwa 20 Minuten auf 75 Grad erhitzen.*

Marillensaft

Für etwa 3 Liter

Zutaten

1 kg	Marillen
2 l	Wasser
2 EL	Waldmeister (Blüten und Blätter), in Streifen geschnitten
50 ml	Zitronensaft
300 g	Rohrzucker oder Zucker

etwa 5 Minuten

Zubereitung

- Marillen waschen, entsteinen und halbieren.
- Marillen, Wasser, Waldmeister, Zitronensaft und Rohrzucker kochen.
- Früchte samt Sud mit einem Mixer oder Pürierstab aufmixen und anschließend durch ein feines Sieb passieren oder durch ein Leinentuch pressen.
- Den gewonnenen Saft in Flaschen abfüllen und gut verschließen.

VARIATIONEN

Pfirsichsaft: Anstelle der Marillen können Sie gewaschene, entsteinte Pfirsiche verwenden.
Kirschsaft: Anstatt der Marillen verwenden Sie gewaschene, entsteinte Kirschen.
Mispelsaft: Verwenden Sie anstelle der Marillen gewaschene, entkernte Mispeln.

TIPPS

1. *Anstelle des Waldmeisters können Sie auch Minze, Melisse, Zitronengras oder Ingwer verwenden.*
2. *Den Marillensaft können Sie auch für Cocktails und Bowlen verwenden.*
3. *Verfeinern Sie Naturjoghurt oder Buttermilch mit etwas Marillensaft.*

Nusseler NUSSSCHNAPS

FÜR ETWA 1 LITER

Zutaten

300 g	grüne Walnüsse, ungeschält
1 Msp.	Muskatblüte (Macis)
½	Vanilleschote
4	Gewürznelken
100 g	roter Magenzucker
700 ml	Treberschnaps oder Grappa
100 g	Zucker

Zubereitung

- Ungeschälte Walnüsse (wenn möglich frisch vom Baum) waschen, vierteln und in ein passendes Gefäß geben.
- Muskatblüte, Vanilleschote, Gewürznelken und roten Magenzucker dazugeben, etwas vermischen und mit Treberschnaps auffüllen.
- Nun den Nusseler etwa 40 Tage zugedeckt oder verkorkt, an einem warmen, sonnigen Ort (Wärme begünstigt die Fermentation) gären lassen.
- Nach 40 Tagen werden die Nüsse herausgenommen und der Schnaps mit Zucker vermischt. Dann den Nussschnaps weitere 20 Tage ziehen lassen.
- Nach insgesamt 2 Monaten durch ein feines Sieb seihen. Den Nusseler in Flaschen abfüllen.
- Der Schnaps hat jetzt die Farbe eines dunklen, kräftigen Kaffees und ein warmes, würziges Bouquet.

TIPPS

1. *Je länger der Nusseler steht, desto milder wird er im Geschmack.*
2. *Anstelle des roten Magenzuckers können Sie normalen Kandis- oder Rohrzucker verwenden.*

Schwarzbeerschnaps

FÜR ETWA 1 LITER

Zutaten

500 g	Schwarzbeeren (Heidelbeeren)
500 ml	Treberschnaps oder Grappa
130 g	Zucker
250 ml	Wasser

Zubereitung

- Schwarzbeeren und Treberschnaps in ein großes Glas füllen.
- Mindestens 3 Wochen zugedeckt ziehen lassen.
- Zucker und Wasser aufkochen und dann erkalten lassen.
- Schwarzbeeren abseihen und beide Flüssigkeiten zusammenmischen und in Flaschen abfüllen.

VARIATION

Moosbeerlikör: Anstelle der Schwarzbeeren können Sie gewaschene Moosbeeren verwenden.

TIPPS

1. *Je länger der Likör steht, desto milder wird er im Geschmack.*
2. *Anstelle des Treberschnapses können Sie Südtiroler Obstler (Obstbrandwein) verwenden.*

Schafgarben-Fenchel-Likör

Für etwa 1 Liter

Zutaten

20	Schafgarbenblüten
20 g	Fenchelsamen
150 g	Zucker
1 l	Südtiroler Obstler/Apfeldestillat (40 % Vol.)

Zubereitung

- Schafgarbenblüten in die Flasche füllen.
- Fenchelsamen, Zucker und Obstler dazugeben, gut verschließen, 30 Tage an die Sonne stellen und ziehen lassen.
- Von Zeit zu Zeit gut durchschütteln.
- Anschließend durch ein feines Tuch abseihen und in Flaschen füllen.

VARIATION

Kümmellikör: Anstelle von Schafgarbe und Fenchelsamen können Sie 30 g Kümmelsamen verwenden.

TIPP

Schafgarben-Fenchel-Likör wird als Verdauungslikör verwendet.

Eierlikör

FÜR ETWA 1 LITER

Zutaten

500 ml	Milch
½	Vanilleschote
5	Eigelb (100 g)
300 g	Zucker
125 ml	Weingeist oder Alkohol (95 % Vol.)

Zubereitung

- Milch mit aufgeschnittener Vanilleschote zum Kochen bringen.
- Eigelb und Zucker in einer Schüssel verrühren, die kochende Milch dazugießen und unter ständigem Rühren auf 82 Grad erhitzen (zur Rose abziehen).
- Durch ein feines Sieb passieren, Weingeist dazugeben, Eierlikör in Flaschen abfüllen und kalt stellen.

TIPPS

1. *Anstelle des 95-prozentigen Alkohols können Sie auch Wodka verwenden. Der Eierlikör wird dadurch etwas milder.*
2. *Sie können Eierlikör auch zum Verfeinern von Tiramisu verwenden.*
3. *Servieren Sie einen Schuss Eierlikör zu Vanilleeis.*
4. *Sie können auch zu Marillen (Aprikosen), Himbeeren und Erdbeeren mit Sahne Eierlikör servieren.*
5. *Verfeinern Sie den Eierlikör auch mit einer Kaffeecreme.*
6. *Weingeist bekommen Sie im Feinkostladen oder in der Apotheke.*

Limoncello

Für etwa 1 Liter

Zutaten

5	Bio-Zitronen oder Zedrat-Zitrone
250 ml	Alkohol (95 % Vol.)
300 g	Zucker
500 ml	Wasser

Zubereitung

- Bio-Zitronen waschen und dünn schälen (eventuell mit einem Sparschäler). Dabei darf nur der äußere gelbe oder grüne Teil der Bio-Zitronen geschält werden. Der weiße untere Teil der Schale ist sehr bitter und darf nicht verwendet werden.
- In einem großen Glasgefäß die Bio-Zitronenschalen mit Alkohol übergießen.
- Das Gemisch zugedeckt etwa 3 Wochen in einem dunklen Raum ziehen lassen.
- Nach 3 Wochen wird der Zucker in einem Topf mit Wasser aufgekocht, bis sich der Zucker aufgelöst hat (Läuterzucker), anschließend auskühlen lassen.
- Das Alkohol-Zitronenschalen-Gemisch mit dem Läuterzucker vermischen, durch ein feines Sieb seihen.
- In Flaschen füllen und kühl und dunkel lagern.
- Vor dem Servieren den Limoncello in den Kühlschrank oder das Tiefkühlfach legen.
- Limoncello immer eisgekühlt oder in gekühlten Gläschen servieren.

TIPPS

1. *Anstelle des 95-prozentigen Alkohols können Sie auch Wodka verwenden. Der Limoncello wird dadurch etwas milder.*
2. *Sie können den Limoncello auch für ein »Tiramisu al Limone« verwenden.*
3. *Servieren Sie einen Schuss Limoncello zu Sorbets oder Eis.*
4. *Sie können auch Beerenfrüchte wie Himbeeren, Erdbeeren oder Johannisbeeren mit Limoncello marinieren.*
5. *Sie können Limoncello auch für die Zubereitung einer Zitronencreme verwenden.*

Die Autoren bedanken sich bei folgenden Firmen

Algunder Sennerei
www.sennereialgund.it

Biokistl Südtirol
www.biokistl.it

Spezialbier-Brauerei Forst – Birra-Bière-Beer-Bier
www.forst.it

Galloni
www.galloni-meran.it

Gramm Prinzess
www.gramm-spa.it

Koch
www.kochbz.it

Küppersbusch
www.kueppersbusch.it

Mein Beck – Bäckerei • Panificio
www.meinbeck.com

Messerhandlung Paolo Morocutti
paolo.morocutti@email.it

Pircher
www.pircher.it

Bäckerei
www.rabanser.bz

Rieper
www.rieper.com

www.roterhahn.it

Victorinox
www.kunzi.it

Zorzi – Kältetechnik | Frigotecnica
www.zorzi.oskar.it

Kleines Küchenlexikon

Dieses kleine Glossar erklärt einige bekannte Fachbegriffe, die zum Kochen in der Küche gebraucht werden. In der Auflistung finden Sie Zubereitungsmethoden und handwerkliche Begriffe, die Ihnen in den Rezepten begegnen und über die Sie vielleicht noch einmal genau informiert werden möchten.

Apfelpektin	ist ein Naturprodukt, universell einsetzbares Geliermittel, Verdickungsmittel und Stabilisierungsmittel
Grüne sardische Tomaten	Tomatensorte aus Sardinien
Holzbirnen	kleine Birnenart, die zum Trocknen und Einlegen geeignet ist
Kandiszucker	entsteht durch langsame Kristallisation aus Wasser-Zucker-Lösung
Kirschwasser	ist ein Obstbrand, der ausschließlich aus der vergorenen Frucht der Kirsche hergestellt wird
Mexikanische Minze	schlitzblättrige Pfefferminzart
Mispel	diese Frucht geliert sehr leicht; wegen ihres hohen Pektingehalts wird sie zu Gelees und Kompott verarbeitet
Moosbeeren	sind eine rote Unterart der Schwarzbeeren (Heidelbeeren)
Muscovadozucker	dunkelbrauner, nicht raffinierter Zucker aus Zuckerrohr; das Aroma ist ausgesprochen kräftig und die Farbe sehr dunkel
Roter Magenzucker	wird aus Zucker, Zimt, Nelkenpulver, Wasser, Rum und Himbeersirup hergestellt; verwendet wird er zum Ansetzen von Nussschnaps und kann auch durch Kandis- oder Rohrzucker ersetzt werden
Waldmeister	(Blüten und Blätter) – Gewürzkraut
Weinbergzwetschge	spezielle Zwetschgensorte aus Südtirol
Zitronensäure	wird je nach Rezept in Pulverform oder in Wasser aufgelöst verwendet
Zesten	geschnittene Schale von Zitronen oder Orangen

Ländertypische Bezeichnungen

Öfters kommt es innerhalb der deutschsprachigen Länder zu Missverständnissen und Verwechslungen aufgrund von unterschiedlichen Benennungen. Die nachstehende Übersicht soll für Klarheit sorgen.

Südtirol	Deutschland
Holer	Holunder
Kren	Meerrettich
Marillen	Aprikosen
Melanzane	Auberginen
Mostarde	Senffrüchte
Omeletten	Pfannkuchen

Südtirol	Deutschland
Orangen	Apfelsinen
Peperoni	Paprika/Paprikaschote
Ribisel	Rote Johannisbeeren
Schwarzbeeren	Heidelbeeren
Zwetschge/ Zwetschke	Zwetschge/Pflaume

Register

Stichwörter mit roten Seitenzahlen befinden sich im Rezeptteil. Stichwörter mit **schwarzen** Seitenzahlen befinden sich im Abschnitt »Wissenswertes«.